ANARKHOS

Colección dirigida por
Juan Manuel González Otero
e Ignacio Pablo Rico Guastavino

ESBOZO DE LA ORGANIZACIÓN POLÍTICA Y ECONÓMICA DE LA SOCIEDAD FUTURA

THE SOCIETY OF TO-MORROW · A FORECAST OF ITS POLITICAL AND ECONOMIC ORGANISATION ÷

By G. *Gustave* DE MOLINARI

Correspondant de l'Institut, and Editor-in-Chief of "Le Journal des Économistes"

TRANSLATED BY P. H. LEE WARNER WITH A LETTER TO THE PUBLISHER FROM FRÉDÉRIC PASSY AND AN INTRODUCTION BY HODGSON PRATT

LONDON : T. FISHER UNWIN
PATERNOSTER SQUARE · MCMIV

GUSTAV DE MOLINARI

ESBOZO
DE LA ORGANIZACIÓN
POLÍTICA Y ECONÓMICA
DE LA SOCIEDAD FUTURA

Traducción de
Gilberto Ramírez Espinosa

Unión Editorial
2025

Título original: *The Society of Tomorrow:*
A Forecast of its Political and Economic Organization.
Hodgson Pratt and Frederic Passy, trans. P.H. Lee Warner
(Nueva York: G.P. Putnam's Sons, 1904).

© 2025 UNIÓN EDITORIAL, S.A.
c/ Hilarión Eslava,21 • Local • 28015 Madrid
Tel.: 91 350 02 28
Correo: editorial@unioneditorial.net
www.unioneditorial.es

ISBN: 978-84-7209-956-2
Depósito legal: M. 18.656-2025

Compuesto e impreso por EL BUEY LIBERAL, S.L.

Impreso en España • *Printed in Spain*

ÍNDICE

ESTUDIO PRELIMINAR

Por David M. Hart

Abreviaturas:

JDE = *Journal des Économistes*

DEP = *Dictionnaire de l'économie politique*

JDD = *Journal des Débats*

CPE = *Cleectilon des Principaux* Économistes (1840-48)

Soirées = *Les Soirées de la rue Saint-Lazare* (1849)

Cours = *Cours d'économie politique* (1863)

EE = *L'évolution économique du XIXe siècle: théorie du progrès* (1880)

EP = L'évolution politique et la Révolution* (1884)

Lois naturelles = *Les Lois naturelles de l'économie politique* (1887)

Notions = *Notions fondamentales d'économie politique et programme économique* (1891)

Question sociale = *Comment se résoudra la question sociale* (1896)

Grandeur = *Grandeur et décadence de la guerre* (1898)

Esquisse = *Esquisse de l'organisation politique et* économique *de la Société future* (Paris: Guillaumin, 1899)

PoS = production of security

11

PALABRAS DE APERTURA

El franco-belga Gustave de Molinari (1819-1912) fue uno de los economistas políticos más longevos, más productivos y originales de cualquier escuela de pensamiento del siglo XIX[1]. También resultó ser una figura destacada del grupo radical de libre mercado que tuvo su centro en París en torno a la editorial Guillaumin durante más de 50 años[2]. Entre sus importantes contribuciones al pensamiento político y económico liberal clásico se encuentran:

1. Sus argumentos en defensa de la provisión privada de TODOS los bienes públicos (incluidos los de la policía y la defensa nacional)[3];

---

[1] Se ha escrito muy poco sobre la vida y el pensamiento de Molinari. Véase David M. Hart, «Gustave de Molinari y la tradición liberal antiestatista», *Journal of Libertarian Studies*, en tres partes (verano de 1981), V, n.º 3: 263-290; (otoño de 1981), V, n.º 4: 399-434; (invierno de 1982), VI, n.º 1: 83-104; David M. Hart, «Molinari, Gustave de (1819-1912)», *The Encyclopedia of Libertarianism*, eds. Ronald Hamowy et al. (Los Ángeles: Sage, 2008), pp. 336-337; Gérard Minart, *Gustave de Molinari (1819-1912), Pour un gouvernement à bon marché dans un milieu libre* (París: Éditions de l'Institut Coquelin, Charles. 2012); y las Introducciones a cada volumen de la edición de las *Oeuvres complètes* del Institut Coppet, del editor Benoît Malbranque: *Œuvres complètes de Gustave de Molinari, sous la direction de Mathieu Laine, avec le soutien de M. André de Molinari, et avec des notes et Notices par Benoît Malbranque* (París: Institut Coppet, 2019-).

[2] Sobre la «Escuela de París» de economía política, véase David M. Hart, «The Paris School of Liberal Political Economy» en *The Cambridge History of French Thought*, ed. Michael Moriarty y Jeremy Jennings (Cambridge University Press, 2019), págs. 301-12. También, Michel Leter, «Éléments pour une étude de l'École de Paris (1803-1852), en *Histoire du liberalisme en Europe*, eds. Philippe Nemo y Jean Petitot (Pais: Presses Universitaires de France, 2006), págs.429-509.

2. que la competencia, ya sea de tipo «productivo» (económico) o «destructivo» (político), ha sido la fuerza impulsora detrás de la evolución política y económica de las sociedades;[3]

3. que todas las instituciones, tanto las empresas comerciales, así como el Estado, la Iglesia y la familia, deberían ser vistas como organizaciones o «firmas» («les sociétés») que buscan el lucro y evitan las pérdidas;

4. que la actividad gubernamental es «antieconómica» porque es derrochadora e ineficiente en comparación con los bienes y servicios privados proporcionados por el mercado;[4]

5. que el papel de los economistas es actuar como «les teneurs de livres de la politique» (los tenedores de libros o contadores de la historia) que elaboran un balance de los costos y beneficios de las políticas gubernamentales (como la provisión de «bienes públicos») y acciones (como la guerra) en nombre de los consumidores y los contribuyentes;[5]

6. y que todas las sociedades están controladas por una clase dirigente «la classe dominante») y una «oligarquía» que explota a «la clase conquistada» o a las «clases trabajadoras» para su propio beneficio, con la ayuda de

---

[3] La discusión más extensa sobre este tema se encuentra en *Les Soirées* (1849), donde cada capítulo está dedicado a cómo la provisión gubernamental de bienes públicos puede ser reemplazada por una provisión privada competitiva.

[4] Sobre la naturaleza «antieconómica» de la actividad gubernamental, véase su análisis en el vol. 2 del *Cours d'économie politique* (1863), 12.ª lección sobre el «consumo público», págs. 521-525.

[5] Véase su conferencia en el *Musée royal de l'industrie belge* de Bruselas sobre *Les Révolutions et le despotisme envisagés au point de vue des intérêts matériel* (1852), pág. 116.

otros grupos políticamente favorecidos, como las «corporaciones» legalmente privilegiadas (los militares, el clero y los gremios), los funcionarios gubernamentales y burócratas menores (funcionarios), y las industrias más grandes «protegidas» y subsidiadas en la agricultura, la manufactura y la banca[6].

Para comprender estas importantes ideas, creemos que su obra aún merece la pena leerse, como esperamos que este libro demuestre al lector actual. Es una lástima que la obra de su contemporáneo Karl Marx (1818-1883), quien se equivocó en tantos aspectos, siga siendo leída y apreciada en algunos círculos (como lo demostraron las celebraciones del bicentenario de su nacimiento en 2018) y la de Molinari no. En el marco de las celebraciones del bicentenario del nacimiento de Molinari en 1819, el Institut Coppet, con sede en París, inició en 2019 la titánica tarea de reeditar sus *Obras Completas*. A mediados de 2025, han llegado al año 1868 con 22 volúmenes publicados hasta la fecha[7].

La editorial Guillaumin y su vínculo con Molinari

En el transcurso de su larga y productiva vida, Moliari escribió 44 libros (más 8 introducciones a libros escritos por otros) y cientos de artículos en revistas y periódicos. Poco más de la mitad de estos libros (25) fueron publicados por

---

6 Sobre la «clase conquistada», véase EE, pág. 86; EP, pág. 49; *Lois Naturelles*, pág. 90; *Notions*, pág. 10; *Grandeur*, pág. 10; sobre las «clases trabajadoras», véase, *Grandeur*, pág. 113.

[7] Los textos están disponibles para su descarga gratuita en línea en el sitio web del Institut Coppet. https://www.institutcoppet.org/bibliographie-gustave-de-molinari/

la firma Guillaumin (y su sucesora, Alcan), fundada por Gilbert-Urbain Guillaumin (1801-1864) en 1837 y dirigida por la familia Guillaumin durante 70 años[8]. Tras su muerte, su hija mayor, Félicité, dirigió la empresa durante 20 años (1865-1885), y tras su fallecimiento, la empresa pasó a manos de su hija menor, Pauline, quien la dirigió durante otros 20 años (1886-1905). La empresa de Guillaumin continuó operando de una forma u otra desde 1835 hasta 1907, cuando fue absorbida por Alcan. Publicó 2359 libros de economía durante este período, incluyendo el monumental *Dictionnaire de l'économie politique* (1852-1853), y fue el centro de la muy libremercadista «Escuela de París» de economía política[9]. Molinari jugó un papel grande e importante en lo que se ha llamado «le réseau Guillaumin» (la red Guillaumin), que fue la columna vertebral del movimiento liberal clásico en Francia durante este período[10].

---

[8] Sobre Guillaumin, véase Lucette Levan-Lemesle, «Guillaumin, Éditeur d'Économie politique 1801-1864», *Revue d'économie politique*, año 96, No. 2, 1985, págs. 134-149.

[9] Véase la lista de libros publicados por Guillaumin, compilada por Benoît Malbranque para el Institut Coppet de París, que he modificado ligeramente. Benoît Malbranque, «Liste complète des titres publiés par Guillaumin (1837-1910)», *Institut Coppet* (2 de enero de 2017)
https://www.institutcoppet.org/2017/01/02/liste-complete-titres-publies-guillaumin-1837-1910; y David M. Hart, «Gilbert-Urbain Guillaumin (1801-1864) and the Guillaumin Publishing Firm (1837-1910)», con enlaces a los textos que tengo en mi sitio web
http://davidmhart.com/liberty/FrenchClassicalLiberals/Guillaumin/index.html.

[10] El término «le réseau Guillaumin» (la red Guillaumin) fue acuñado por Minart para describir la red interconectada de individuos, asociaciones y grupos afines que, mediante sus actividades y publicaciones, ejercieron una influencia considerable en la vida política, económica e intelectual francesa durante más de 70 años. Minart, pág. 56.

Uno de los pilares de la firma Guillaumin fue el *Journal des économistes*, que se publicó durante casi 100 años (1842-1940) hasta que se vio obligado a cerrar cuando los nazis ocuparon París y ocuparon el edificio Guillaumin en la rue de Richelieu. Era el principal órgano de publicación de importantes artículos, tanto teóricos como de análisis político, así como reseñas de libros y comentarios sobre la actualidad. Molinari fue el editor desde 1881 hasta su jubilación en 1909.

El primer artículo que Molinari escribió para el JDE apareció en 1847, sobre «De l'agriculture en Angleterre» (La agricultura en Inglaterra), y su último sobre «L'accaparement» (El acaparamiento) se publicó en 1910[11]. En total, escribió 230 artículos para el *JDE* y fue su editor durante 28 años, entre 1881 y 1909. Antes de convertirse en editor, había escrito 129 artículos para el *JDE* (1847-1880); mientras era editor, escribió otros 131, incluyendo un estudio anual sobre el estado de la economía y la libertad económica en el mundo[12].

El primer libro de Molinari publicado por Gullaumin también apareció en 1847, sobre la *Histoire du tarif* (Historia de los aranceles); el último suyo fue publicado en 1908 (en realidad por Alcan), que fue un volumen más en su serie de trabajos sobre la sociología económica del Estado y la

---

[11] Gustave de Molinari, «De l'agriculture en Angleterre» (La agricultura en Inglaterra), *Journal des Économistes*, S. 1, T. 16, N° 62, enero de 1847; Gustave de Molinari, «L'accaparement» (El acaparamiento), *Journal des économistes*, S. 6, T. 28, N° 1, octubre de 1910.

[12] Para obtener una lista de los libros y artículos que escribió Molinari, consulte David M. Hart, « The Works of Gustave de Molinari (1819-1912)» en mi sitio web

http://davidmhart.com/liberty/FrenchClassicalLiberals/Molinari/Bibliography-2024.html evolución de los mercados, titulado *Économie de l'histoire: Théorie de l'Évolution*[13]. El libro que usted lee ahora fue el vigésimo segundo libro de Molinari publicado por Guillaumin (su cuadragésimo libro en total), cuando tenía 80 años. Fue un logro extraordinario en cualquier idioma. Sin embargo, no fue su «último libro». Vivió hasta los 92 años (falleció en 1912) y, con ingenio, tituló su último libro, publicado el año anterior a su muerte, «Última Verba: Mon dernier ouvrage» (Últimas palabras: mi última obra)[14].

UNA VISIÓN GENERAL DE LA VIDA Y LA OBRA
DE MOLINARI

Dado que Molinari vivió una vida tan larga (la esperanza de vida media de alguien nacido en 1819 era de unos 45 años, pero vivió hasta los 93), es necesario dividirla para fines analíticos en las siguientes cinco partes, según dónde vivía y qué hacía[15].

- 819-1840: Pasó su infancia y juventud en Lieja.
- 1840-1851: Se trasladó a París para trabajar como periodista económico y activista del libre comercio, e inició su larga colaboración con la editorial *Guillaumin* y la JDE.

---

[13] Gustave de Molinari, *Histoire du tarif* (Paris: Guillaumin, 1847). Vol. 1: *Les fers et les houilles*; vol. 2: *Les céréales*; Gustave de Molinari, *Économie de l'histoire: Théorie de l'Évolution* (Paris: F. Alcan, 1908).

[14] Gustave de Molinari, *Esquisse de l'organisation politique et* économique *de la Société future* (Paris: Guillaumin, 1899); Gustave de Molinari, *Ultima Verba: Mon dernier ouvrage* (Paris: V. Girard et E. Briere, 1911).

[15] Véase la más detallada «Chronology of his Life and Works» en http://davidmhart.com/liberty/FrenchClassicalLiberals/Molinari/Chronology.html.

17

- 1852-1867: Tras la llegada al poder de Napoleón III, se trasladó a Bruselas, donde trabajó como economista académico, periodista y cabildero del libre mercado.
- 1867-1881: Regresó al periodismo en París, donde escribió para la prestigiosa *JDD*, donde fue editor jefe entre 1871 y 1876. También escribió varios libros sobre sus viajes internacionales con interesantes análisis económicos de los países que visitó.
- 1881-1909: Fue nombrado editor de la *JDE* y escribió sobre economía, filosofía moral y sociología histórica.
- Se retiró en 1909 a la edad de 90 años y murió en 1912.

Molinari era un joven inteligente y ambicioso, imbuido de ideas proteccionistas e intervencionistas como la mayoría de su generación, y llegó a París a principios de la década de 1840 para ejercer el periodismo. Encontró trabajo primero escribiendo principalmente artículos biográficos sobre personajes famosos para la *Revue générale biographique, politique et littéraire* (1842-1843), y luego sobre la difícil situación de los trabajadores que estaban siendo juzgados por intentar fundar un sindicato, prohibido por la ley francesa, para *Le Courrier Français* (1844-1846)[16]. No se sabe con certeza cómo ni cuándo, pero se topó con las ideas de Jean-Baptiste Say y Frédéric Bastiat y se convirtió en un ferviente defensor del libre comercio y el libre mercado. Influenciado por esta nueva forma de pensar, comenzó a especializarse en periodismo económico, escribiendo sobre el libre comercio y la economía de la esclavitud, lo que le valió la atención de la firma Guillaumin y del grupo de economistas políticos que

---

[16] Véase, por ejemplo, «Lamartine», *Le biographe Universel* (publicado en folleto en 1843), 1842. 2ª ed. *Biographie politique de M. A. de Lamartine* (París: Impr. de Mme Lacombe, 1843), y «Appel aux ouvriers», *Courrier français*, 20 de julio de 1846.

la rodeaba. Publicarían su primer libro sobre la historia de los aranceles en 1847[17].

Guillaumin detectó muy rápidamente el potencial de este joven periodista y le dio la oportunidad de trabajar en uno de sus primeros y más importantes proyectos editoriales, la Collection des Principaux Économistes, para la cual Molinari editó y escribió las introducciones a los dos últimos volúmenes de la serie en 1847 y 1848, estableciendo así sus credenciales académicas[18].

Durante la Revolución de 1848, colaboró estrechamente con ellos, escribiendo columnas mensuales anónimas («Chronique») para la *JDE* sobre los acontecimientos de la revolución, así como varios artículos teóricos importantes. Entre ellos, una crítica al anarquista de izquierda Joseph Proudhon y al político e historiador conservador Adolphe Thiers, especialmente la deficiente defensa que este último hacía de la propiedad privada ante las críticas socialistas; el artículo pionero sobre la «producción de seguridad» privada

---

[17] Dos obras de Say fueron las primeras publicadas por Guillaumin como parte de su *Collection des principaux économistes*, comenzando con *Cours complet d'économie politique pratique* en 1840 y *Traité d'économie politique* (1841). Es posible que Molinari se haya topado con estas nuevas ediciones. Véase *Collection des principaux économistes, Avec Commentaires, Notes, et Notices*; por MM. Blanqui y Rossi (de l'Institut), Eugène Daire, H. Dussard, J. Garnier, M. Monjean, H. Say. (París: Guillaumin, 1840-48), 15 vols; Bastiat escribió una larga introducción a su primer libro para Guillaumin sobre el movimiento de libre comercio inglés organizado por Richard Cobden llamado *Cobden et la ligue, ou l'Agitation anglaise pour la liberté du commerce* (París: Guillaumin, 1845) (Cobden y la Liga, o el movimiento inglés por el libre comercio); y poco después su primera colección de ensayos llamada *Sophismes économiques. Première série* (París: Guillaumin, 1846) (Sofismos económicos. Primera Serie).

[18] Gustave de Molinari editó los dos últimos volúmenes, vols. XIV y XV, sobre autores del siglo XVIII como David Hume, Condillac, Benjamin Franklin y Jeremy Bentham, *Mélanges d'économie politique* (1847-48).

y competitiva; y la economía de la industria teatral, altamente regulada[19]. También escribió un artículo sin firmar, bajo el seudónimo de «le Réveur» (el Soñador), en el que instaba a los socialistas a unir fuerzas con los liberales para perseguir sus objetivos comunes de paz, libertad y prosperidad (o lo que él llamaba «la utopía de la libertad») contra su enemigo común, la opresión y la reacción. El artículo se publicó la semana anterior al sangriento levantamiento de las «Jornadas de Junio», brutalmente reprimido por el ejército. Es significativo que 50 años después, en el apéndice de este libro, revelara por primera vez que había sido el autor[20].

No contento con escribir sobre la revolución, Molinari, acompañado de algunos de sus amigos, participó activamente en ella, ayudando a fundar, escribir y distribuir en las calles dos revistas: *La République française* (26 de febrero - 28 de marzo de 1848) y *Jacques Bonhomme* (11 de junio - 13 de julio de 1848). Además, fundaron y dieron charlas en un club político, «Le Club de la Liberté du Travail» (Club por la Libertad del Trabajo), donde debatieron cara a cara con los socialistas en las calles de París. Muy cerca de su club, un club socialista acogía a Karl Marx, quien acababa de terminar de escribir *El Manifiesto Comunista*, que ellos

---

[19] «Proudhon et M. Thiers», *Journal des Économistes*, S. 1, T. 21, N° 86, 15 de agosto de 1848; «De la propriété, par M. Thiers. Compte-rendu», *Journal des Économistes*, S. 1, T. 22, N° 94, 15 de enero de 1849; «De la production de la sécurité,» *Journal des* Économistes, S. 1, T. 22, N° 95, 15 febrero de 1849; «L'Industrie des théâtres, à propos de la crise actuelle,» *Journal des économistes*, S. 1, T. 24, N° 101, 15 de agosto de 1849. Molinari era un gran aficionado al teatro y escribió varios artículos sobre cómo estaba fuertemente regulado, subvencionado y censurado por el gobierno.

[20] «L'utopie de la liberté (lettre aux socialistes, par un RÉVEUR)» (La utopía de la libertad: carta de un soñador a los socialistas), *JDE*, T. 20 N° 82, 15 junio 1848, pp. 328-332.

también distribuían en las calles de París. Se desconoce si Molinari y sus amigos conocieron a Marx, pero Molinari declaró posteriormente que su club se vio obligado a cerrar porque «matones comunistas» irrumpieron en su reunión y los golpearon. Más tarde lamentó que los liberales no se enfrentaran a los comunistas y respondieran a la fuerza con la fuerza[21].

Más tarde, fue testigo y escribió sobre otra revolución en París: la Comuna de París de 1871. Visitó los «Clubes Rojos» socialistas que surgieron para debatir las demandas de los revolucionarios y publicó dos libros sobre esta experiencia y los problemas económicos que enfrentaba París, rodeado de tropas, lo que hacía que los víveres escasearan en la ciudad[22].

Molinari también intentó escribir obras más populares sobre economía, en la línea de su íntimo amigo y colega Frédéric Bastiat y de la divulgadora inglesa de ideas económicas Harriet Martineau, cuyo trabajo había reseñado en el *JDE*[23]. Su primer esfuerzo en este ámbito fue su radical y provocador libro de «conversaciones» entre un «conservador», un «socialista» y un «economista», titulado *Les Soirées*[24].

---

[21] Véase el obituario de Joseph Garnier de Molinari, [Nécrologie] «Garnier, Joseph». *JDE* (octubre de 1881) y «[Nécrologie] «Charles Coquelin», *JDE* (septiembre y octubre de 1852), pág. 172.

[22] Véase *Les Clubs rouges colgante le siège de Paris* (París: Garnier Frères, 1871); y *Le Mouvement socialiste et les réunions publiques avant la révolution du 4 septembre 1870, suivi de la Pacification des rapports du capital et du travail* (París: Garnier frères, 1872).

[23] Molinari, [CR] «Contes sur l'économie politique, par miss Harriet Martineau», *JDE* (15 de abril de 1849).

[24] Escribiría dos obras populares más, esta vez sobre el libre comercio: *Conservations familières sur le commerce des grains* (París: Guillaumin, 1855); y

Esta fue la primera de tres obras tempranas de este período formativo en el desarrollo intelectual de Molinari, que sentarían las bases intelectuales de su obra posterior. Mantuvo una constancia notable a lo largo de los años, profundizando cada vez más en los temas abordados aquí y adaptándolos según las circunstancias históricas cambiantes. Estas obras datan del período 1849-1852, cuando tenía poco más de treinta años, y son:

1. *Les Soirées de la rue Saint-Lazare* (1849)
2. Sus 25 entradas en el *DEP* (1852-53)
3. La conferencia sobre *Les Révolutions et le despotisme envisagés au point de vue des intérêts matérie* (1852)[25].

1.– En *Les Soirées*, argumentó metódicamente, capítulo por capítulo, a favor de la eliminación de todas las restricciones a la actividad económica y la privatización de todos los bienes públicos. El capítulo más controvertido fue «Soirée 11», que se basó en su ensayo anterior sobre «La production de la securité» (febrero de 1849, *JDE*), donde argumentó que incluso la policía y la defensa nacional podían ser abastecidas por «compañías de seguros» de propiedad privada que cobrarían a los «consumidores de seguridad» una prima anual por servicios de protección según el tipo y la cantidad de cobertura que desearan.

La producción competitiva y privada de seguridad es un tema que abordaría repetidamente en obras posteriores,

---

Conversations sur le commerce des grains et la protection de l'agriculture (Nouvelle édition) (París: Guillaumin, 1886).

[25] *Les Révolutions et le despotisme envisagés au point de vue des intérêts matériel; précédé d'une lettre à M. le Comte J. Arrivabene, sur les dangers de la situation présente,* par M. G. de Molinari, professeur d'économie politique (Brussels: Meline, Cans et Cie, 1852).

aunque con modificaciones y diferentes énfasis en cada libro, incluyendo el *Esquisse* escrito unos 50 años después.

2.– Un segundo trabajo temprano en el que se expresarían por primera vez temas importantes de su obra posterior fue la colección de artículos que escribió para el proyecto *DEP*[26]. El *DEP* es un vasto compendio del estado del conocimiento de la economía política francesa, publicado entre 1852 y 1853. Molinari escribió 25 artículos sustanciales y 5 artículos biográficos, y se desempeñó como editor principal. Aunque era relativamente nuevo en la red Guillaumin, se le encargó escribir importantes artículos sobre libre comercio, proteccionismo y aranceles. Pero, de importancia para lo que vendría después, también comenzó a desarrollar sus ideas sobre el análisis de clase del liberalismo clásico, la evolución económica y política del Estado y el surgimiento del libre mercado en los artículos sobre civilización, naciones, nobleza, guerra y pueblos y ciudades[27]. Estos artículos fueron la base de su serie de extensos trabajos sobre sociología económica que aparecerían 30 o 50 años después, a saber, *L'évolution économique du XIXe siècle: théorie du progrès* (1880); *L'évolution politique et la Révolution* (1884); y *Grandeur et décadence de la guerre* (1898), y que se resumiría en el *Esquisse*.

---

[26] *Dictionnaire de l'Économie Politique, contenant l'exposition des principes de la science, l'opinion des* écrivains *qui ont le plus contribué à sa fondation et à ses progrès, la Bibliographie générale de l'économie politique par noms d'auteurs et par ordre de matières, avec des notices biographiques et une appréciation raisonnée des principaux ouvrages, publié sur la direction de MM. Charles Coquelin et Guillaumin.* (Paris: Librairie de Guillaumin et Cie, 1852), 2 vols.

[27] También es importante destacar que en el DEP proporcionó un análisis económico de cuestiones tales como las bellas artes, la emigración, la moda, los edificios públicos y monumentos, los teatros y los viajes internacionales que, en mi opinión, son originales de él y tal vez la primera vez que se analizan de esta manera.

3.– Un tercer libro de este período formativo temprano, que sentaría las bases de gran parte de su obra posterior, fue una conferencia que impartió en Bélgica a finales de 1852 sobre *Les Révolutions et le despotisme envisagés au point de vue des intérêts matériel.*

No es este el lugar para ofrecer una lista detallada ni un análisis de los casi 40 libros que publicó tras trabajar en el *DEP.* En resumen, solo diremos que abordó una amplia gama de temas, muchos de los cuales retomaría en el *Esquisse*, como los siguientes:

11. Libre comercio y proteccionismo.
12. La economía de la esclavitud y la servidumbre.
13. Sindicatos y bolsas de trabajo.
14. Guerra y paz.
15. Thomas Malthus y el crecimiento poblacional.
16. Las leyes naturales de la economía política.
17. Derechos naturales, filosofía moral y religión.
18. Literatura de viajes económicos.
19. La evolución del libre mercado, los gobiernos y las clases sociales.
10. Teoría económica.
11. Teoría política, especialmente en lo que respecta al papel del gobierno.
12. Socialismo.

El *Esquisse de l'organisation politique et économique de la Société future* (1899)

Introducción

Debido a su prolífico y longevo trabajo, hacia el final de su vida, Molinari se sintió obligado a resumir su pensamiento y hacerlo más comprensible para un nuevo público que no había leído sus libros anteriores, a menudo extensos y muy detallados. Lo hizo dos veces a principios de la década de 1890 (cuando tenía poco más de 70 años) con *Notions fondamentales d'économie politique et programme économique* (1891) y *Précis d'économie politique et de morale* (1893). Y de nuevo, unos años más tarde, con un libro dirigido a un público diferente, concretamente a los críticos socialistas del libre mercado, en *Comment se résoudra la question sociale* (1896), cuando tenía 77 años. Y finalmente en 1908 con *Économie de l'histoire*, que fue publicado por la sucesora de la firma Guillaumin, Alcan, y por lo tanto podría verse como un intento de su parte por llegar a un nuevo público. El *Esquisse* de 1899 surgió en medio de esta actividad de resumir y volver a presentar sus ideas en una forma más popular cuando tenía 80 años.

Estas frecuentes revisiones y reformulaciones de sus ideas, a menudo con términos y expresiones ligeramente diferentes, dificultan en ocasiones la labor del editor. Sin embargo, existe una fuerte corriente de pensamiento sobre estos conceptos que se ha mantenido constante a lo largo de las décadas. Por ello, en nuestro análisis del *Esquisse*, no dudaremos en referirnos a sus obras anteriores, donde profundiza en ciertos temas o se expresa de forma diferente. Las principales obras que intentaba revisar, reformular o resumir en el *Esquisse* fueron las siguientes:

1. Sobre teoría económica:

1. *Les Soirées de la rue Saint-Lazare; entretiens sur les lois économiques et défense de la propriété* (1849).
2. *Cours d'économie politique, professé au Musée royal de l'industrie belge* (1863)
3. *Les Lois naturelles de l'économie politique* (1887).

2. Sobre la evolución de los Estados y la economía:

1. Sus entradas en el *DEP* (1852).
2. *L'évolution économique du XIXe siècle: théorie du progrès* (1880).
3. *L'évolution politique et la Révolution* (1884).
4. *Grandeur et décadence de la guerre* (1898).

3. Sobre teoría moral:

1. *La Morale économique* (1888).

En el *Esquisse*, Molinari comenzó con un resumen de sus ideas sobre las leyes naturales de la economía política en una «Introducción» de 27 páginas. A continuación, simplificó su teoría de la evolución de los estados y los mercados a través de varios periodos en dos etapas o «estados»: el «Estado de Guerra» y el «Estado de Paz». Finalizó el libro, como solía hacer, con un Apéndice que incluía algunos datos y otros textos breves que había escrito anteriormente, incluyendo una larga cita de su «Carta a los Socialistas» escrita por «El Soñador».

LAS LEYES NATURALES
DE LA ECONOMÍA POLÍTICA

Una creencia fundamental de los economistas políticos era que el mundo se rige por leyes económicas naturales que operan independientemente de la voluntad humana y que, si las políticas gubernamentales las ignoran o violan, estas leyes seguirán operando y tendrán consecuencias perjudiciales para quienes intenten hacerlo. Consideraban que estas leyes eran el equivalente económico de las leyes naturales físicas, como la ley de la gravitación. La inspiración tras esta idea se remonta a los fisiócratas del siglo XVIII, como François Quesnay, quien escribió el influyente ensayo «Le droit naturel» (1765), que fue republicado por Guillaumin en 1846 en una amplia colección de textos clásicos de economía política, la *Collection des Principaux Économistes*, un proyecto en el que también había colaborado Molinari. Molinari citó a Quesnay en la portada de su libro *Les Soirées*, cuyo subtítulo también incluía la reveladora afirmación «entretiens sur les lois économiques et défense de la propriété» (debates sobre las leyes económicas y la defensa de la propiedad). Volvió a citar el mismo pasaje al final de la sección sobre «Las leyes naturales» en el *Esquisse* [28]:

Il faut bien se garder d'attribuer aux lois physiques les maux qui sont la juste et inévitable punition de la violation de l'order même de ces lois, instituées pour opérer le bien.	Es necesario abstenerse de atribuir a las leyes físicas que han sido instituidas para producir el bien, los males que son el castigo justo e inevitable por la violación de ese mismo orden de leyes.

La discusión más detallada de las leyes naturales de la economía política se puede encontrar en tres libros que publicó a finales de la década de 1880: *Les Lois Naturelles de l'économie politique* (1887); *La Morale économique* (1888) y

---

[28] François Quesnay, «Le droit naturel» (1765), *CPE*, vol. 1, pág. 46.

Notions fondamentales économie politique et program économique (1891)[29].

En resumen, Molinari pensaba que había seis «leyes naturales de la economía» que regían el funcionamiento de la economía y que no podían ser ignoradas impunemente ni por los individuos ni por los gobiernos. Estas serían:

1. «la loi naturelle de l'économie des forces ou du moindre effort» (la ley natural de la economía de fuerzas o la ley del mínimo esfuerzo). Con esto quería decir que los individuos intentaban obtener lo máximo que podían con el mínimo esfuerzo.

2. «la loi naturelle de la concurrence» (la ley natural de la competencia), también denominada «la loi de libre concurrence» (la ley de la libre competencia). Molinari creía que existía una lucha darwiniana por la supervivencia de todos los seres vivos. En el caso de los seres humanos, esta competencia podía ser «competencia productiva» en el caso de la actividad industrial o económica, o «competencia destructiva» en el caso de la guerra o la política.

3. «la loi naturelle de la valeur» (la ley natural del valor), a veces también denominada «la loi de progression des valeurs» (la ley del progreso o aumento de los valores). Con esto Molinari quiso decir que en un mercado libre la cantidad de cosas valiosas aumentará constantemente, y que los precios de estas cosas valiosas caerán gradualmente como resultado de la competencia con su «valor natural» o coste de producción.

---

[29] Molinari, *Les Lois naturelles de l'économie politique* (Paris: Guillaumin, 1887); *La Morale* économique (Paris: Guillaumin, 1888); and *Notions fondamentales* économie *politique et programme* économique. (Paris: Guillaumin, 1891).

4. «la loi de l'offre et de la demande» (la ley de la oferta y la demanda), a la que a veces también llamaba «la loi des quantités et des prix» (la ley de la oferta y los precios); esta era una forma abreviada de decir que los precios varían según la oferta y la demanda en el mercado y que tanto los consumidores como los productores modifican su comportamiento como resultado.

5. «la loi de l'équilibre» (la ley del equilibrio económico), que es la versión de Molinari de la teoría de la armonía de Bastiat, que sostiene que, si se deja que los mercados funcionen libremente, tenderán a producir orden y no caos, y surgirá un equilibrio entre la demanda de productos por parte de los consumidores y la oferta de esos productos por parte de los productores[30].

6. «Ley de crecimiento poblacional de Malthus»: Molinari aceptó la visión maltusiana ortodoxa de que las poblaciones, en todas partes y siempre, tienden a crecer más allá de los medios de subsistencia, lo que podría conducir al hambre y la muerte si no controlan el tamaño de sus familias[31].

---

[30] Véase Frédéric Bastiat, *Harmonies économiques. 2me Édition. Augmentée des manuscrits laissés par l'auteur. Publiée par la Société des amis de Bastiat.* (Paris: Guillaumin, 1851).

[31] Molinari también escribió extensamente sobre Malthus y la cuestión de la población en varias de sus obras. Véanse dos capítulos de su tratado *Cours d'économie politique* (París: Guillaumin, 1863), 2.ª edición revisada, vol. 1, Quinzième leçon y Seizième leçon, «Théorie de la población; «Introduction», *Du principe de population. 2. éd. précédée d'une introduction et d'une notice par M. G. de Molinari, augmenté de nouvelles notes contenant les faits statistiques récents et les débats relatifs à la question de la population. Avec un portrait de l'Auteur* (París: Guillaumin, 1885); «Introduction» a Malthus, *Essai sur le principe depoblation de Malthus* (París: Guillaumin, 1889; París: Alcan, 1907); y su último trabajo

Cuando los mercados tuvieran libertad para operar según estas leyes, el resultado, según él, sería un aumento constante de la prosperidad de todos los grupos de la sociedad, gracias al aumento de la productividad provocado por la división del trabajo, y a la mayor abundancia de bienes y servicios derivada del libre comercio internacional. Fue la negativa, tanto de conservadores como de socialistas, a reconocer el papel vital que desempeñaban estas leyes lo que hizo que sus políticas económicas fueran ineficaces y perjudiciales para las mismas personas a las que intentaban ayudar. Dejó este punto particularmente claro en su libro dirigido específicamente a los socialistas, «Comment se résoudra la question sociale» (Cómo resolver el problema social, 1896)[32].

DERECHOS NATURALES Y «TEORÍA MORAL ECONÓMICA»

Además de la existencia de leyes naturales en el ámbito económico, la mayoría de los economistas políticos franceses creían que existían leyes naturales en el ámbito de la política y la moral, especialmente en la forma de los derechos naturales a la vida, la libertad y la propiedad. Una de las diferencias entre la economía política francesa y la escuela inglesa fue la persistencia del pensamiento iusnaturalista y de los derechos naturales en la tradición francesa, mientras que la inglesa se inclinaba cada vez más hacia el utilitarismo formulado por Jeremy Bentham y John Stuart Mill. En el caso de Molinari, este había criticado duramente la defensa conservadora de la propiedad que el historiador y político

---

sobre *La Viriculture.Ralentissemnt du movement de la population. Dégénérescence - Causes et remèdes* (Paris: Guillaumin, 1897).

[32] *Comment se résoudra la question sociale* (Paris: Guillaumin, 1896).

Adolphe Thiers realizó en su libro *De la propriété* (1848), de amplia difusión, por no fundamentar su defensa con suficiente firmeza en los fundamentos del derecho natural, lo cual abría la puerta a las violaciones de los derechos de propiedad que deseaban los socialistas. Una defensa más consistente, y por lo tanto más radical, de los derechos de propiedad fue proporcionada por el filósofo Victor Cousin (1792-1867), cuyas ideas fueron llevadas a la atención de los economistas políticos por Louis Leclerc en un artículo en el *JDE* también en 1848, y rápidamente adoptadas por Molinari[33]. El concepto clave de la perspectiva de Cousin-Leclerc era el derecho de «propiedad de uno mismo», según el cual «le moi» (el yo) tenía derecho a la propiedad de sí mismo (su cuerpo y mente) y, por extensión, a la propiedad de las cosas externas que este «yo» creaba. Esta idea fue la piedra angular de la teoría de los derechos de Molinari, que sirvió de base a su libro de 1849, *Les Soirées*, y a todos los que le siguieron. En este aspecto, mantuvo una notable coherencia a lo largo de su vida. Escribió sobre los derechos de propiedad en obras como *Cours d'économie politique* (1855, 2.ª ed., 1863), *La Morale économique* (1888) y *Notions fundamentales économie politique et programme économique* (1891)[34].

---

[33] Adolphe Thiers, *De la propriété* (Paris: Paulin, Lheureux et Cie, 1848). Molinari reseñó este libro en la JDE (enero de 1849), págs. 166-67; Victor Cousin, *Justice et Charité. Petits traités publiés par l'Académie des sciences morales et politiques* (Paris: Pagnerre, 1848); Louis Leclerc, «Simple observation sur le droit de propriété,» *Journal des* Économistes, T. 21, no. 90, 15 Octubre 1848, págs. 304-305.

[34] Véase Molinari, *Cours d'économie politique* (1855, 2nd ed. 1863), Part I, Quatrième leçon. «La valeur et la propriété,» págs. 107-31. Molinari, *La Morale* économique (1888). Livre II. La matière de la morale. Le droit. Chap. I. «Définition du droit. Liberté et la propriété,» pág. 33 (y capítulos siguientes). Molinari, *Notions fondamentales économie politique et programme éco-*

Lo que añadió a su pensamiento de la década de 1840 en sus escritos posteriores fue una dimensión religiosa que abordó con cierta extensión en su libro llamado simplemente *Religion*, en 1892[35]. En una larga nota a pie de página de este libro, ofrece una de sus declaraciones más claras sobre los derechos naturales[36].

El derecho a la propiedad implicaba la existencia de otros derechos, como la libertad de crear, usar o intercambiar propiedades con otros. Fue muy meticuloso al enumerar las diferentes formas que podía adoptar la «libertad», según el tipo de actividad en la que participaban los individuos. En *Les Soirées*, enumeró nueve de estos tipos de libertad. En la segunda edición de su tratado *Cours d'économie politique* (1863), su lista se amplió a quince. Además de las libertades habituales de comercio, expresión y religión, incluyó varias «libertades» inusuales que demuestran la radicalidad de su pensamiento, como:

1. «la liberté de se gouverner» (la libertad de gobernarse a sí mismo);
2. «la liberté de la reproduction» (la libertad de reproducirse, o los derechos reproductivos);
3. «la liberté du monnayage» (la libertad de acuñar monedas o la banca libre);
4. «la liberté du gouvernement» (la libertad de gobierno, es decir, las empresas competidoras que ofrecen servicios policiales y de defensa).

---

nomique. (1891), I. Lois et phénomène économiques. Chap XI. La propriété et la liberté. Accord de l'économie politique avec la morale,» págs. 232-46.

35 *Religion* (Paris: Guillaumin et Cie, 1892).

36 *Religion*, pág. 136.

Su visión de la «sociedad del futuro» era aquella en la que se alcanza la libertad más completa posible en todas sus dimensiones. Como solía hacer, utilizó diferentes expresiones en diferentes momentos para describir esta sociedad futura. A continuación, se presenta un ejemplo de estas expresiones:

- «un régime de pleine liberté» (una sociedad de completa libertad) (*PoS* y *Esquisse*);
- «un milieu libre» (a *liberal milieu*, o una sociedad liberal). Muchos ejemplos y posiblemente su término favorito;
- «la concurrence illimitée» (competencia ilimitada) (*EE*);
- «un marché d'une étendue illimitée» (un mercado de extensión ilimitada) (*EP* y *Grandeur* y *Esquisse*);
- «la concurrence universalisée» (competencia que se ha hecho universal) (*EP*);
- «la liberté de gouvernement» (libertad de gobierno, que era su término para los gobiernos en competencia) (*Lois naturelles* y *Esquisse*);
- «un régime de liberté politique» (un régimen basado en la libertad política) (*Lois naturelles*).

La evolución económica de la sociedad a través de etapas: industria, competencia y guerra

Como mencionamos anteriormente, dado que el *Esquisse* era un resumen de algunos de los extensos libros que había escrito previamente sobre lo que podría llamarse «sociología económica», presentó una versión simplificada de su teoría de la evolución de los estados y los mercados a lo largo de diversas etapas o eras históricas. Aquí solo menciona «el estado de guerra» y «el estado de paz». En obras anteriores, presentó un panorama más complejo donde las siguientes etapas de progreso de las sociedades desempeñaron un papel importante:

1.) El tamaño y el alcance de la actividad económica

En sus dos primeros grandes volúmenes, *L'Évolution économique* (1880) y *L'Évolution politique* (1884), se centró en la transición de «la petite industrie» (industria en pequeña escala) a «la grande industrie» (industria en gran escala), donde la primera tenía una división limitada del trabajo y un pequeño mercado local para sus productos[37]. Esto existió después del establecimiento de las comunidades asentadas, pero debido a la frecuencia de los conflictos con invasores y otras tribus hostiles, el desarrollo económico se vio restringido. También se vieron obstaculizados por el hecho de que la comunidad estaba gobernada por una clase dirigente guerrera que regulaba estrictamente la actividad industrial debido a la constante amenaza de guerra. La industria a gran escala, con una división del trabajo mucho más sofisticada y mercados más amplios, que también incluían comercio exterior, solo desapareció tras el establecimiento de un período de paz, cuando la antigua clase dirigente guerrera fue reemplazada por una nueva clase más interesada en aumentar la producción económica para poder tributar en su beneficio.

---

[37] Véase la discusión sobre la «industria en pequeña escala» y sus gobiernos en *EP*, capítulos 1-3; Véase la discusión sobre la «industria a gran escala» y sus gobiernos en EP, capítulos 1-2.

2.) El tipo y el alcance de la competencia

En *Les lois naturalles* (1891) y *Grandeur et décadence de guerre* (1898) su atención se centra en el papel desempeñado por la competencia en la evolución de las sociedades.

El primer tipo es la «concurrence vitale» (competencia por la vida o la supervivencia), que consistía en la competencia entre todas las especies animales para obtener alimento y defenderse de los depredadores para sobrevivir[38]. Los humanos formaban parte de esta lucha, pero gracias a su inteligencia, pudieron crear, mediante su actividad económica, «armas artificiales» más efectivas para derrotar a las «armas naturales» de otros depredadores y competidores, incluyendo a otros seres humanos.

La segunda etapa de la competencia fue «la competencia destructiva», que surgió cuando grupos organizados de humanos luchaban entre sí por comida y otros recursos[39]. El grupo más fuerte, con las mejores armas y los guerreros más hábiles (una forma temprana de especialización laboral), mataba o conquistaba a los grupos más débiles y los obligaba a la esclavitud o a pagar tributo a los vencedores. Este fue el comienzo de los primeros estados, poseídos y gobernados por una clase guerrera. Esta clase aprendió gradualmente que podía obtener más tributos o impuestos de las clases conquistadas o sometidas si les permitían conservar parte de los alimentos que cultivaban o de los bienes que producían. Otro aspecto de la competencia destructiva era la rivalidad entre estados vecinos, que conducía a intentos de expandir su territorio a expensas de sus vecinos

---

[38] Véase *Grandeur*, págs. 66-67, 71-74.

[39] Véase *Esquisse*, págs. ix-x, xv-xvi.

más débiles, eliminando así a sus competidores políticos y ampliando su base impositiva.

Al mismo tiempo, la tercera forma de competencia creció y terminó convirtiéndose en la dominante: «la competencia industrial» (competencia industrial o económica)[40]. Para Molinari, esta fue la etapa más importante en la evolución de la sociedad, ya que fue la base sobre la que se cimentaron la prosperidad y la innovación posteriores. Sin embargo, requería que la clase dominante estableciera la paz con sus vecinos, respetara los derechos de propiedad hasta cierto punto, redujera los impuestos y la regulación, y permitiera el libre comercio dentro de la nación, así como con otras naciones. Esta transición gradual de un «régime de servitude politique et économique» a un «régime de liberté politique et économique» tardó varios siglos en producirse. Él creía que la etapa final se alcanzaría cuando existiera «la concurrence illimitée» (competencia ilimitada) y «un marché d'une étendue illimitée» (un mercado de alcance ilimitado), que sería el sello distintivo de «la sociedad del futuro».

3.) El papel de la guerra

Su análisis más detallado del papel de la guerra en la evolución de la sociedad se encuentra en el libro *Grandeur et décadence de la guerre* (1898), publicado el año anterior a la publicación del *Esquisse*. En esta obra, también divide su teoría de la evolución en dos etapas o «estados»: el estado de guerra y el estado de paz.

Molinari creía que, en sus orígenes, la guerra había desempeñado un papel importante y positivo, pero que ya

---

[40] Hay muchas referencias a la «concurrence industrielle» en *EP, Lois naturelles*, y *Notions*.

había perdido su utilidad y se había convertido en una grave amenaza para la sociedad. Argumentaba que la guerra era esencial para el desarrollo de la sociedad porque, en la etapa de la «concurrence vitale», se necesitaban los guerreros más hábiles para defender a la tribu de los animales depredadores, y en la etapa de la «concurrence destructive» (la competencia destructiva), se necesitaba la misma clase de guerreros hábiles para protegerlos de los «invasores bárbaros» o tribus rivales que también contaban con sus guerreros y luchadores hábiles. En su opinión, las primeras formas de actividad económica, la «pequeña industria» descrita anteriormente, no habrían sobrevivido sin la protección que brindaba esta clase dirigente guerrera.

Sin embargo, una vez que la amenaza de invasión bárbara disminuyó, la guerra se convirtió en una amenaza aún mayor para el crecimiento de la industria y la prosperidad, por lo que fue necesario reducirla considerablemente para que la industria creciera y prosperara. El problema al que se enfrentaba la emergente sociedad industrial y de mercado era que la clase guerrera había evolucionado gradualmente hacia una «clase dominante» más general, que incluía a grandes terratenientes y comerciantes y fabricantes privilegiados, que no estaban dispuestos a renunciar a los ingresos que recibían de los impuestos ni a los privilegios económicos que habían obtenido del gobierno (monopolios, aranceles y contratos), ni a las lucrativas posiciones que ocupaban en el ejército, la iglesia y la administración pública.

Ésta era la situación en la que se encontraba Europa cuando Molinari escribió estas palabras y explica parte del material que figura en el Apéndice al final del libro sobre la necesidad del desarme y de poner fin a la política de colonización.

La evolución política de la sociedad a través de etapas: el Estado y la clase dominante

En cada etapa de su evolución económica, la sociedad contaba con una organización política o «Estado» diferente que reflejaba las cambiantes estructuras de poder y los métodos de creación de riqueza dentro de ella. El elemento común en todas las diferentes formas de Estado que Molinari analizó a lo largo de varios miles de años de historia humana era la existencia, en la cúspide, de «la classe dominante» (la clase dominante) o « la classe gouvernante « (la clase dirigente o el gobierno), que controlaba los poderes coercitivos del Estado y los utilizaba para promover sus propios intereses, y un grupo mucho mayor por debajo de ellas, compuesto por «les classes gouvernées» (las clases gobernadas), «les classes assujetties» (las clases sujetas al poder) o «la population assujettie» (la población sometida), quienes eran obligados a trabajar para ellos (como esclavos o siervos) o pagaban impuestos y se sometían a otras obligaciones, según el tipo de actividad económica predominante en la sociedad[41].

Así, Molinari utilizaba aquí una versión de la teoría del «análisis de clases» que suele asociarse con Karl Marx, pero que tenía una larga tradición dentro del pensamiento liberal clásico anterior al marxismo. De hecho, desarrolla con mucho más detalle una teoría del análisis de clases

---

[41] Sobre la «clase dominante, véase por ejemplo las muchas referencias en *EP*, pág. 88; el término «clase dirigente» se vovlio su termino preferido en obras posteriores, por ejemplo, en *EP*, pág. 41; *Lois naturelles*, pág. 151; *Grandeur*, pág., 85; *Esquisse*, pág. 200; sobre las «clases gobernadas», véase *EP*, pág. 163; *Lois naturelles*, pág. 151; *Grandeur*, pág. 99; sobre las «clases sujetas al poder», véase *EE*, pág. 190; *EP*, pág. 47; *Grandeur*, págs. 101-2; sobre la «población sometida», véase *EE*, pág. 87; *EP*, pág. 40; *Lois nauterelles*, pág. 12; *Grandeur*, pág. 20; *Esquisse*, pág. 19

liberal clásico que se remonta a Charles Comte y Charles Dunoyer en las décadas de 1810 y 1820, y a Frédéric Bastiat en la década de 1840[42]. En Inglaterra, su contemporáneo Herbert Spencer realizaba un trabajo similar, y en Italia, Vifredo Pareto[43].

Lo que hace que la teoría de clases de Molinari sea diferente a la de Marx es que, 1.) la explotación de una clase por otra tiene lugar, pero la fuente de la explotación no es el «trabajo asalariado» *per se*, sino el uso de la coerción física para transferir recursos de una persona a otra (en forma de esclavitud, servidumbre, confiscación de propiedad e impuestos); y 2.) la institución (el estado) y la gente (la clase dominante) que realiza la explotación deben ser vistos como una empresa que maximiza las ganancias (la société) propiedad de sus «dueños» o «accionistas» y dirigido por ellos; con la importante condición de que esto es cierto incluso si el estado es democrático o incluso socialista dirigido por políticos y burócratas en nombre del «pueblo» o la «clase trabajadora».

---

[42] Véase mi capítulo sobre «Class» en *The Routledge Companion to Libertarianism*. Editado por Matt Zwolinski y Benjamin Ferguson (Routledge, 2022), págs. 291-307; David M. Hart, «Class Analysis, Slavery and the Industrialist Theory of History in French Liberal Thought, 1814-1830: The Radical Liberalism of Charles Comte and Charles Dunoyer» (tesis de Doctorado, King's College Cambridge, 1994).

[43] Véase la discusión de Spencer sobre «The Militant Type of Society» y «The Industrial Type of Society» en el volumen 2 de *The Principles of Sociology, in Three Volumes* (New York: D. Appleton and Company, 1898); sobre la teoría de clases y las «élites» de Pareto, véase Vilfredo Pareto, «Un'applicazione di teorie sociologiche», *Rivista Italiana di sociologia*, (Luglio 1900), págs. 401-456; y el tratamiento más amplio en *Traité de sociologie générale*. Edición francesa de Pierre Boven. Revisada por el autor. Volumen I (París: Librairie Payot, 1917). Volumen II (París: Librairie Payot, 1919).

Una de sus contribuciones significativas a esta teoría liberal de clases fue ver al Estado como una «firma» (la société), o «la maison» (una empresa familiar), o «l'établissement» (empresa comercial) que «poseía» el Estado (la société propriétaire de l'Etat) y buscaba ganancias para sus «dueños» y «accionistas» (les actionnaires) por medio de impuestos, monopolios, otros privilegios y empleos bien pagados y seguros en la burocracia, la iglesia o el ejército[44]. Como en cualquier negocio, existía competencia dentro de la clase dominante, ya que diferentes facciones libraban una «la lutte» (lucha) para imponerse a sus rivales y mantener su poder dentro de la empresa. También existía una lucha contra las empresas extranjeras rivales, que intentaban expandir su mercado político mediante la apropiación de más territorio y del número de siervos y contribuyentes que contenía, además de generar más empleos dentro del estado para sus miembros y sus familias[45].

Lo que comenzó como una pequeña banda de guerreros («la société conquérante»: la sociedad conquistadora) que invadía periódicamente un territorio para matar y saquear a los habitantes (lo que Mancur Olson llamó «bandidos errantes»), cambió cuando se dieron cuenta de que podían aumentar sus «ganancias» permaneciendo en el lugar a lo largo del tiempo, sometiendo a la población a la esclavitud o al secuestro, permitiéndoles conservar una pequeña parte de lo que producían para sí mismos y confiscando el resto para su propio beneficio (lo que Olson llamó «bandidos estacionarios»).

---

[44] Véase *EP*, pág. 154; *Lois Naturelles*, pág. 100; *Notions*, pág. 14; *Grandeur*, pág. 26; *Esquisse*, pág. xiii.

[45] Véase por ejemplo, *EP*, pág. 157; *LN*, pág. 166; *Notions*, pág. 12; *Grandeur*, pág. 41; *Esquisse*, pág. 21.

Con el tiempo, este acuerdo evolucionó hacia una «oligarchie gouvernante» (oligarquía gobernante) más amplia, que también incluía a miembros de alto rango de la Iglesia, así como a los miembros privilegiados de «les corporations» que controlaban la industria y el comercio[46]. En la era moderna, cuando surgieron los partidos políticos para competir entre sí por ganar el poder y el control del Estado, «l'oligarchie gouvernante» se expandió nuevamente para incluir a los políticos (creando lo que él llamó «le politicalisme» (gobierno de los políticos) y a los burócratas del gobierno (creando «le fontionnarisme», gobierno de los funcionarios o empleados públicos)[47].

Cuando Molinari escribió el *Esquisse*, se estaba produciendo un cambio importante en la composición de la clase dominante, ya que los grupos tradicionales, compuestos por monarcas, nobleza y altos líderes eclesiásticos y militares, se veían desafiados, por un lado, por nuevos grupos de industriales, fabricantes y profesiones liberales, y por otro, por una nueva clase obrera, los partidos políticos socialistas y sus apoyos intelectuales en las universidades y los medios de comunicación. Identificó algunos de los principales grupos que luchaban por el poder y que representaban la mayor amenaza para la libertad. El sistema de políticas gubernamentales que intentaban establecer lo denominó:

1. Proteccionismo.
2. Militarismo.
3. Estatismo.
4. Colonialismo/imperialismo.

---

[46] Véase *EP*, pág. 92; *Notions*, pág. 38.

[47] Sobre el «gobierno de los politicos», véase *Notions*, pág. 52; *Grandeur*, pág. 139; sobre el «gobierno de los funcionarios», véase *LN*, pág. 274; *Grandeur*, Apéndice E, págs. 221 y siguientes.

5. Socialismo.
6. Politicismo/funcionarismo.

En 1899 no estaba claro cómo se desenvolvería esta lucha por el control del Estado en las décadas siguientes. A pesar de esta incertidumbre, Molinari escribió varios artículos a principios de siglo en los que describía sus predicciones sobre lo que podría suceder, las cuales, en retrospectiva, resultaron bastante proféticas[48].

PAZ, COMPETENCIA Y LA SOCIEDAD DEL FUTURO

En la segunda parte del *Esquisse*, Molinari analiza qué ocurrirá cuando la gente se dé cuenta de que la guerra ha dejado de ser útil para el desarrollo de la sociedad y que, en cambio, ahora representa una de las mayores amenazas para la libertad y la prosperidad de la clase trabajadora. Anteriormente, había expresado su oposición a la guerra y su apoyo a grupos pacifistas como «Les Amis de paix» en artículos del *DEP* de 1852 y en un libro sobre las ideas de la «paz perpetua» del Abbé Saint-Pierre de 1857[49].

---

[48] Véanse los dos artículos del *JDE* que resumen los logros del siglo XIX y las amenazas que enfrentaría la libertad en el siglo XX: «Le XIXe siècle», *Journal des Économistes*, enero de 1901, 5.ª serie, T. XLV, págs. 5-19; y «Le XXe siècle», *Journal des Économistes*, enero de 1902, 5.ª serie, T. XLIX, págs. 5-14. Véase también su análisis más extenso de estos temas en el libro *Les Problèmes du XXe siècle* (París: Guillaumin, 1901).

[49] Molinari, «Paix, Guerre», *DEP*, T. 2, págs. 307-14., y «Paix» (Société et Congrès de la Paix), *DEP*, T. 2, págs. 314-15; Véase también su entrada sobre «Saint-Pierre (abbé de)», *DEP*, T. 2, págs. 565-66, y su libro *L'abbé de Saint-Pierre, membre exclu de l'Académie française, sa vie et ses oeuvres, précédées d'une appréciation et d'un précis historique de l'idée de la paix perpétuelle, suivies*

En los apéndices detallados de uno de sus libros recientes (*Grandeur et Décadence de Guerre*, 1898), mostró cuánto dinero gastaban los estados en guerra y armamentos[50]. El ahorro que se obtendría reduciendo o eliminando el gasto militar y la «competencia destructiva» que este generaba entre los Estados era enorme. Pensaba que esto solo podía lograrse de dos maneras. Primero, reduciendo el riesgo de guerra, especialmente por parte de una potencia militar en ascenso, mediante la formación de una «Liga de Estados Neutrales» cuyas fuerzas, al combinarse, tendrían suficiente influencia militar y económica para disuadir o incluso impedir que una potencia militar dominante amenazara a sus vecinos y tomara el control del continente europeo. Presentó esta sugerencia en un artículo publicado en el *The Times* en julio de 1887[51].

En segundo lugar, reduciendo el poder de la clase dominante, especialmente de la parte de la oligarquía, compuesta por las élites militares cuyo sustento provenía de los contribuyentes. El objetivo era utilizar el proceso político para retener el dinero de los impuestos y obligarlos a jubilarse o a buscar empleo en alguna «industria productiva». Su esperanza era que el partido liberal y el partido socialista formaran una alianza política para lograrlo dentro de los Parlamentos y las Cámaras de Diputados de su época. Presentó por primera vez la idea de una alianza entre los

---

du jugement de Rousseau sur le projet de paix perpétuelle et la polysynodie ainsi que du projet attribué à Henri IV, et du plan d'Emmanuel Kant pour rendre la paix universelle, etc., etc. (Paris: Guillaumin, 1857).

[50] *Grandeur*, Apéndice III. K. L'augmentation progressive des dépenses de guerre et des dettes publiques en Europe, págs. 237 y siguientes.

[51] *The Times*, 28 de julio de 1887, republicado en *Grandeur*, Appendice III. P. «La ligue des neutres», págs. 258-301.

liberales (los economistas) y los socialistas en un artículo anónimo publicado en el *JDE* en junio de 1848, la semana anterior a la violenta represión de los manifestantes por parte del ejército durante las «Jornadas de Junio»[52]. Resulta interesante que revelara por primera vez en un Apéndice del *Esquisse* (Nota E «Las concepciones económicas y socialistas de la sociedad del futuro») que había sido el autor de este conmovedor llamamiento, sin firmar, a los socialistas de 1848, en el que argumentaba que los liberales radicales y los socialistas tenían más en común de lo que creían. Compartían los fines comunes de libertad y prosperidad (lo que él llamaba «la utopía de la libertad»), pero discrepaban fundamentalmente sobre los medios para alcanzarlos. Sin embargo, el joven economista de 29 años de 1848, que entonces se autodenominaba «le Rêveur» (el Soñador), y ahora también el economista de 80 años de 1899, seguía creyendo que los liberales y los socialistas debían unir fuerzas para oponerse al enemigo común del pueblo en el siglo venidero. Molinari critica aquí a su yo más joven por tener «la naïveté confiante de la jeunesse» (la ingenuidad confiada de la juventud), pero no por estar equivocado en esta esperanza, sólo por ser 50 años «prématuré» (prematuro).

Una vez que se pudieran realizar recortes significativos al gasto militar, se permitirían mayores inversiones en los sectores productivos de la economía, lo que profundizaría la división del trabajo y ampliaría las posibilidades del libre comercio internacional. Consideraba que esto abriría las puertas a una nueva era de «competencia industrial productiva».

---

[52] Molinari, «L'utopie de la liberté (lettre aux socialistes), par un Rêveur,» *JDE*, T. 20 N° 82, 15 de junio de 1848, págs. 328-32.

Eliminar el poder de la oligarquía militar también posibilitaría otras reformas de los estados costosos y altamente regulatorios que surgieron a finales del siglo XIX en Europa. Consideraba que la naturaleza misma del Estado era «antieconomique», lo que significaba que sus servicios eran caros, deficientemente prestados y vulnerables a la corrupción[53]. Los servicios que tradicionalmente habían proporcionado los Estados podían dividirse en dos tipos: aquellas actividades que eran «naturellement individuelle» (esencialmente de una naturaleza individual), como la gran mayoría de bienes y servicios que el Estado no debía proporcionar en absoluto, sino dejar totalmente en manos de empresas privadas competentres[54]. El segundo tipo eran un pequeño número de bienes «naturellement collective» (de naturaleza esencialmente colectiva), como carreteras, pavimentación, alumbrado público, recolección de basura y seguridad interior y exterior, que según él debían proporcionarse «colectivamente» (aunque era difícil precisar qué significaba esto en la práctica)[55]. Su conclusión fue que el tamaño y el coste del gobierno podrían reducirse drásticamente en un 95% eliminando completamente sus funciones innecesarias y privatizando o externalizando a empresas privadas aquellas pequeñas funciones básicas que sólo podrían proporcionarse «colectivamente».

En su visión del futuro, la competencia sería «ilimitada», «universal» y se aplicaría a todo (incluidos los servicios

---

[53] *Cours* (1863), vol. 1, pág. 192; vol. 2, págs. 524 y siguientes.

[54] Sobre la distinción entre bienes que eran «naturaleza individual» y «naturaleza colectiva», *Esquisse*, págs. 74-75.

[55] Sobre los bienes de «naturaleza esencialmente colectiva», *Esquisse*, pág. 93.

gubernamentales)[56]. Sin embargo, en el *Esquisse* parece haber retrocedido un poco respecto a sus opiniones más radicales expresadas en el artículo de la *JDE* sobre la producción de seguridad y el capítulo 11 de *Les Soirées*, ambos publicados en 1849. Allí, exigió explícitamente el fin del monopolio gubernamental de la «producción» (es decir, la provisión) de seguridad, que sería proporcionada por empresas privadas competidoras (lo que él denominó «les compagnies d'assurances sur la propriété» [compañías de seguros de propiedad]), que venderían «primas» por sus servicios, específicamente diseñadas para satisfacer las necesidades de los consumidores individuales de seguridad para sus servicios[57]. Mantuvo esta visión radical durante varias décadas hasta el *Esquisse*, donde argumentó que la producción de seguridad era un «bien naturalmente colectivo» que no podía proporcionarse a cada consumidor mediante un contrato individualizado. Debía proporcionarse «colectivamente», pero no es fácil determinar qué quería decir exactamente con «colectivamente», dado su carácter ambiguo. No afirma directamente que debería ser un monopolio gubernamental rigurosamente impuesto que impidiera cualquier forma de competencia dentro del territorio nacional, como entre gobiernos locales o entre estos y el gobierno central. Tampoco afirma que esta forma de seguridad proporcionada colectivamente se mantendría así indefinidamente a medida que los mercados siguieran expandiéndose, la división del trabajo aumentara, la competencia se volviera cada vez

---

[56] Sobre la competencia «ilimitada», véase *EE* (1880), pág. 84; sobre la competencia «universal», véase *EP* (1884), pág. 482.

[57] Sobre «les compagnies d'assurances sur la propriété» (compañías de seguros de propiedad), véase *Les Soirées*, núm. 11, pág. 331, 334. También *Lois Naturelles*, pág. 44.

más universal e ilimitada, y la gente se familiarizara con las responsabilidades necesarias para el «autogobierno». Creo que, al no dejar esto claro, dejaba la puerta abierta a la posibilidad de alguna forma de competencia en la producción de seguridad en el futuro. Como dijo acerca de hacer una alianza con los socialistas para luchar contra el actual sistema de explotación de clases, esta idea puede haber sido «prematura» en 1899, pero tal vez no en 1999 o en 2099.

Podemos rastrear la evolución de las ideas de Molinari sobre la producción de seguridad a lo largo de los años, lo que muestra un pensamiento innovador y original que sigue siendo interesante hoy en día.

En *L'Évolution politique* (1884) habla de la posibilidad de que «des industry immobilières» o «une société immobilière» (empresas de desarrollo inmobiliario) construyan desarrollos habitacionales o comunidades que incluyan la seguridad junto con otros «bienes públicos» como alumbrado público, pavimentación de caminos, alcantarillado y agua que los miembros de la comunidad pagarían en una tarifa de servicio anual por vivir en la comunidad[58].

También existía la posibilidad de que diversos gobiernos locales o provinciales compitieran entre sí y quizás también con el gobierno nacional central para atraer a los residentes, es decir, a los «contribuyentes», con ofertas de precios más bajos y mejores servicios[59].

También creía que la secesión, o la amenaza de secesión, del gobierno central constituiría un poderoso incentivo si otras opciones fracasaban o no se permitían. Incluso mencionó la posibilidad de un «doble derecho de secesión», es decir, el derecho de la comuna a separarse de la provincia,

---

[58] Sobre las «empresas de desarrollo inmobiliario», véase *EP,* p. 389.

[59] Molinari, *EP*, Section IV. «La commune et son avenir,» págs. 382-394.

así como el derecho de la provincia a separarse del estado central, en *Les lois naturelles* (1887)[60]. Los ejemplos que tuvo a su disposición fueron la Guerra Civil estadounidense y las diversas luchas por la independencia nacional que se estaban librando en Europa central y oriental[61].

También se esperaba que el sistema representativo democrático, tal como se había desarrollado durante la Tercera República francesa, pudiera utilizarse como un punto intermedio entre una industria de seguridad completamente estatal, gestionada y administrada burocráticamente («la regie») y una industria de seguridad totalmente privada y competitiva, gestionada como una compañía de seguros de propiedad. Pensaba que los «mandataires» –los representantes electos del pueblo–, en lugar de cada ciudadano, podrían negociar con empresas de seguridad privadas la prestación de servicios de seguridad bajo contrato para toda la nación por una suma fija[62]. Sin embargo, dada su enérgica crítica a los servicios públicos, calificándolos esencialmente de «antiéconomique», y sus comentarios sobre la poca fiabilidad de los políticos electos, quienes a menudo incumplen su deber de atención al electorado, esta opción parece bastante débil. Quizás pensó que se trataba de una solución provisional en lugar de la ideal, una que tendría que bastar hasta que las condiciones cambiaran y su solución preferida de libertad total y competencia ilimitada se hiciera posible.

---

[60] *Les lois naturelles* (1887), págs. 265-66.

[61] La segunda edición del *Cours* se publicó en 1863 cuando la Guerra Civil estadounidense estaba en marcha y aquí hace una referencia pasajera al derecho de secesión y volvería a él en obras posteriores como *L'Évolution politique* (1884) y *Lois naturelles* (1887). Véase *Cours*, vol. 2, págs. 531-32 y *Lois naturelles*, págs. 264-66.

[62] Véase *Esquisse*, págs. 29-30, 97-98.

Quizás también, tras todas las críticas recibidas de sus colegas cuando expuso sus ideas por primera vez en 1849, había aprendido a ser más cauteloso al expresar abiertamente sus opiniones. A menudo, decía a sus lectores cosas como: «Consideren esta hipótesis», «Hagamos esta suposición» o «Imaginen un pueblo con un solo tendero que estuviera considerando abrir el comercio a la competencia», etc. Al usar expresiones como estas, creo que sugería con delicadeza a sus lectores que sus verdaderas opiniones no habían cambiado y que debían leer entre líneas para descubrir lo que realmente pensaba.

Tampoco dudaba en autodenominarse utópico o «soñador» por sostener esta y otras posturas radicales de libre mercado. El editor del *JDE* lo calificó de «utópico», aunque, no obstante, publicó su artículo sobre la producción de seguridad, donde abogaba por la producción privada y competitiva de seguridad; se autodenominó utópico en varias ocasiones por sus opiniones sobre la posibilidad de lograr una paz «perpetua» (es decir, permanente) entre naciones beligerantes; por creer que una bolsa de trabajo basada en la bolsa de valores ayudaría a los trabajadores a encontrar empleos con buenos salarios en cualquier parte de Europa; por creer que la emisión privada de dinero por parte de bancos competidores resolvería el problema de la devaluación monetaria y la creciente deuda pública; por creer que el gobierno podría reducir drásticamente el coste de la seguridad interna y externa con su plan de subcontratar el servicio a empresas privadas competidoras; que era un «soñador» como los fisiócratas del siglo XVIII a quienes admiraba, por querer lograr «le gouvernement à bon marché» (gobierno a bajo precio)[63]. Pero como concluyó en *Grandeur et décadence* (1898), todas sus ideas liberales radicales, como «toutes les idées nouvelles, elle fut considérée d'abord comme une pure utopie» (todas las nuevas ideas, se pensaron que eran una pura utopía)[64].

Retomó la cuestión de la «utopía» en uno de sus últimos artículos en el *JDE*, publicado en 1904, donde pregunta: «¿Dónde está la utopía?»[65]. ¿Residía en los proteccionistas, estatistas, militaristas y socialistas que intentaban imponer por la fuerza su visión utópica de la sociedad mientras él escribía estas líneas? ¿O en los liberales y economistas como Molinari, que habían cosechado algunas victorias durante el siglo XIX, pero que ahora parecían estar en retirada intelectual y política? Finalizó su libro *Les Soirées* en 1849 con un llamamiento a la gente a «¡Choisissez!» (¡elige!) qué visión utópica del futuro querían antes de que fuera demasiado tarde, si la visión de «los comunistas» o la de quienes defendían la propiedad privada[66]. Volvió a plantear la misma pregunta en 1904, pero esta vez la disyuntiva era entre la visión ofrecida por los «étatistes» (estatistas), en forma de militarismo, proteccionismo o socialismo, por un lado, y la ofrecida por el reducido número de liberales que se habían mantenido completamente fieles a sus principios. Desafortunadamente, concluyó que su número se había reducido tanto que «ils tiendraient sur un canapé» (caían todos en un sofá)[67].

---

[63] Sobre la paz «perpetua» *Lois Naturelles*, pág. 235; sobre la bolsa de trabajo, *EE*, pág. V; sobre la emisión privada de dinero, *Sociale Question*, págs. 323-4; sobre la reducción del coste de la seguridad y el «gobierno a bajo precio». *Sociale Question*, pág. 342.

[64] *Grandeur*, pág. 78.

[65] «Où est l'utopie ?», *Journal des économistes*, S. 6, T. 3, N° 2, agosto de 1904. republicado en *Question économiques à l'ordre du jour* (París: Guillaumin, 1906), págs. 369-87. Cita en las págs. 379-80.

[66] *Soirées*, pág. 343.

[67] «Où est l'utopie ?,» pág. 387.

En resumen, Molinari previó una «sociedad futura» que sería «le régime de paix assurée et de liberté de gouvernement» (un régimen con paz y libertad de gobierno garantizadas), donde habría «un marché d'une étendue ilimitée» (un mercado de extensión ilimitada) y «la concurrence ilimitée et universalisée» (competencia ilimitada y universal, es decir, competencia en todas las cosas), y «la supresión des entraves à la liberté du travail, de l'association et de l'échange dans toutes les branches de l'activité humaine» (el fin de todas las restricciones a la libertad de trabajo, de asociación y de intercambio en todas las ramas de la actividad humana)[68].

En otras palabras, todos viviríamos en un «medio libre». Pero, como nos recordó, todavía no[69].

DAVID M. HART
dmhart@mac.com
14 de julio de 2025

---

[68] Sobre un régimen de paz y libertad, *Esquisse*, pág. 173; sobre un mercado de extensión ilimitada, *EP*, pág. 450; sobre la competencia ilimitada y universal, *EE*, pág. 84 y *EP*, pág. 482; sobre el fin de todas las restricciones, *Esquisse*, pág. 153.

[69] Sobre su uso del término «milieu libre», véase *Les Soirées*, pág. 357; *EP*, págs. 70, 450.

LAS LEYES NATURALES

«Si existe», dice Condorcet, «una ciencia de predecir el progreso de la especie humana, de dirigirlo, de acelerarlo, la historia de aquellos que ha hecho debe ser su base primaria»[1]. Sólo que debemos ir más allá, debemos remontarnos a las causas de los progresos que la especie humana ha hecho desde su aparición en la tierra, y de los que aún está llamada a hacer, debemos conocer al hombre, las leyes que determinan y gobiernan su actividad, la naturaleza y las circunstancias del medio en el que ha sido arrojado para realizar una obra cuyo fin se le escapa.

I.
EL MOTIVO DE LA ACTIVIDAD HUMANA

El hombre es un organismo compuesto de materia y fuerzas vitales, fuerzas físicas, intelectuales y morales. Esta materia y estas fuerzas constitutivas del individuo y de la especie sólo pueden conservarse y desarrollarse a condición de la asimilación o, para usar la expresión económica, del consumo de materiales y fuerzas de la misma naturaleza; de lo contrario,

---

[1] Condorcet, *Bosquejo de un gráfico histórico del progreso de la mente humana*, p. 17

se marchitan y su vitalidad acaba por extinguirse. Este marchitamiento y está extinción de la vitalidad determinan un dolor, un sufrimiento. Bajo la excitación de este dolor o de este sufrimiento, el hombre actúa para adquirir los materiales necesarios para la conservación y desarrollo de su vitalidad. Los materiales, los encuentra en el medio que le rodea, pero, aparte de un pequeño número que la naturaleza le proporciona gratuitamente, está obligado a descubrirlos, a apoderarse de ellos y adaptarlos a su consumo, o, para utilizar de nuevo la expresión económica, está obligado a producirlos.

El hombre sufre otra necesidad, inherente al medio en que vive: está obligado a defender su vida y los materiales de su vitalidad contra numerosos agentes de destrucción o saqueo. Los riesgos de destrucción a que está expuesto por este motivo son para él otra fuente de sufrimiento o dolor.

Para esta doble necesidad: el alimento y la defensa de su vitalidad, el hombre proporciona mediante el trabajo: trabajo para producir las cosas necesarias para su consumo, trabajo para destruir los agentes o elementos que amenazan su seguridad. Ahora bien, el trabajo implica un gasto de las fuerzas constitutivas de la vitalidad, por lo tanto, un dolor, un sufrimiento. Por otro lado, el consumo de productos que nutren la vida y de los servicios que la aseguran proporciona disfrute, placer. Pero, ya sea comida o seguridad, este disfrute se compra con dolor. Es una operación y, como cualquier operación, puede generar ganancias o pérdidas. Resulta en ganancia cuando la suma de vitalidad adquirida o asegurada es mayor que la suma de las fuerzas vitales gastadas en trabajo y que constituyen el costo de producción del producto o servicio. Resulta en una pérdida cuando el gasto excede los ingresos. Siendo así, el hombre sólo se excita para trabajar en la medida en que considera que los ingresos serán mayores que el gasto, que el placer superará al dolor, y esta excitación es tanto mayor cuanto mayor es la diferencia, mayor es la ganancia. Es la adquisición de este beneficio lo que es, en última instancia, el motivo de la actividad del hombre como de todas las demás criaturas, y es a este motivo al que hemos dado el nombre de *interés*[2].

---

[2] El interés, en su sentido económico, no debe confundirse con el egoísmo, y menos aún con la satisfacción de las necesidades puramente materiales del individuo. Apunta a todas las necesidades materiales y morales de la naturaleza humana. El hombre no sólo se impone a sí mismo el dolor que implica el trabajo o la privación del consumo de los frutos del trabajo, con miras a la satisfacción presente o futura de sus necesidades egoístas; todavía trabaja y se impone privaciones para satisfacer sus necesidades altruistas, a menudo más agudas que sus necesidades egoístas. Tales son las que derivan del amor a su familia y a sus semejantes, de la verdad y de la justicia, en fin, del conjunto de sus sentimientos morales, y que lo empujan a imponerse los más duros sacrificios, incluido el sacrificio de su vida, por las personas que ama, o incluso por las causas e ideas que le son queridas. El interés y el deber se oponen demasiado a menudo. Esta oposición no tiene ningún fundamento. ¿Qué es, de hecho, el deber? Es la obligación de obrar de manera consecuente con la justicia, que tiene como criterio el interés general y permanente del caso. Ahora bien, esta obligación, el hombre está naturalmente excitado a cumplirla por un sentimiento innato en él: el sentimiento de justicia, o, por su otro nombre, el sentido moral. Sin embargo, este sentimiento se distribuye de manera muy desigual entre los hombres. Aquellos que lo poseen en grado sumo experimentan al satisfacerlo un gozo mayor que cualquier dolor, y todavía practican el deber en todas las circunstancias. Quienes poseen este sentimiento en menor grado no siempre obedecen a la obligación que les impone, sino que cada incumplimiento les hace experimentar esa especie de dolor que lleva el nombre de remordimiento. Finalmente, en un gran número, el sentimiento de justicia, el sentido moral, existe sólo en estado embrionario; cometen, para satisfacer sus pasiones o sus vicios, toda clase de actos injustos o inmorales, en consecuencia nocivos para la sociedad de la que son miembros y, alternativamente, para la especie. Esta obligación que son incapaces de imponerse a sí mismos, la sociedad les impone, en su interés, y la sanciona con penas lo suficientemente fuertes como para que la pena exceda el goce resultante del acto contrario a la justicia.

II.
LA LEY NATURAL DE LA ECONOMÍA
DE FUERZAS O DEL MENOR ESFUERZO

De este motivo, que tiene su raíz en la naturaleza del hombre y en las condiciones de su existencia, se deriva una primera ley natural, la ley de la economía de fuerzas o del menor esfuerzo. Bajo la excitación del motivo del interés, el hombre suple primero sus necesidades más intensas, aquellas que exigen satisfacción con más energía, o cuya insatisfacción causa el mayor sufrimiento; luego busca disminuir su gasto eligiendo la industria que le proporciona la mayor ganancia, esforzándose por descubrir los procesos y crear instrumentos que hagan más productivo su trabajo, es decir, que aumenten el exceso de materiales adquiridos o asegurados sobre la suma de fuerzas vitales gastadas, y finalmente siempre, el exceso de placer sobre el dolor.

Este excedente de los ingresos sobre los gastos, esta ganancia, el individuo puede consumirla inmediatamente para obtener goces presentes, o para conservarla, para capitalizarla, para aumentar su poder de producción, o simplemente para proveer a necesidades futuras, para ahorrarse así privaciones o prever los riesgos destructivos de su vitalidad. Los que le dan el uso más útil, es decir, el más adecuado para conservar y aumentar sus fuerzas vitales, se vuelven los más fuertes, y vencen cuando se encuentran en conflicto con otros individuos de la misma especie o de especies diferentes por la adquisición de los materiales de la vida.

¿Qué resulta de esto? Sobre todo, es importante desarrollar entre los hombres el sentimiento de justicia, el sentido moral, así como iluminarlos sobre lo que es justo o injusto, moral o inmoral, conforme o contrario al interés de la sociedad y de la especie, del cual el interés del individuo es parte integrante.

(Ver, sobre este tema, *Morale économique*, libro 1, La moral en su relación con la economía política. Ver también Religión, cap. XII. Religión y ciencia).

III.
LA LEY NATURAL DE LA COMPETENCIA VITAL

1.º *Competencia de animales:* Esta lucha por la adquisición de los materiales de la vida, a la que hemos dado el nombre de competencia vital, comienza tan pronto como estos materiales se vuelven insuficientes para alimentar tanto a los más débiles como a los más fuertes. En tiempos primitivos, cuando el hombre, incapaz aún de multiplicar su subsistencia, se reducía a lo que la naturaleza le ofrecía, cuando vivía de la caza y la recolección de los productos naturales de la tierra, este déficit no tardaría en aparecer. Así que los más fuertes, los más capaces de llegar a la caza y apoderarse de las plantas alimenticias, debían prevalecer y sobrevivir, mientras que los más débiles, los menos capaces, estaban condenados a perecer. Esta fue la forma inicial de competencia, la que es común al hombre y a las especies inferiores y que hemos designado con el nombre de *competencia animal.*

2.º *Competencia destructiva o bélica:* Sin embargo, a medida que los suministros se hicieron más escasos, los más fuertes se vieron obligados a aumentar su gasto de trabajo, por lo tanto, la suma de su trabajo, para adquirir la misma cantidad. Por lo tanto, estaban ansiosos por buscar los medios de reducir la creciente cantidad de trabajo y dolor que les causaba esta escasez progresiva. Este medio sólo podría consistir en aumentar la cantidad de alimentos o en reducir el número de competidores por alimentos. Ahora bien, la multiplicación de la subsistencia requería conocimientos que las variedades más inteligentes de la especie sólo podían adquirir a la larga, y que todavía no poseen un buen número de tribus que permanecieron en estado salvaje. Los más fuertes podrían, por el contrario, descubrir mediante un cálculo muy simple la ventaja que les presentaba el segundo proceso y así deshacerse, gracias a su superioridad física, de sus competidores más débiles. Incluso podemos conjeturar que la invención de este proceso elemental fue la primera manifestación de la superioridad intelectual del hombre sobre otras especies, incapaz del cálculo que implica esta invención.

En verdad, la supresión de los competidores de subsistencia requería cierto gasto de trabajo e implicaba cierto riesgo. Pero entre competidores de fuerza desigual —y esta desigualdad es grande entre las diferentes variedades de la especie humana— la victoria requiere sólo un pequeño gasto y entraña sólo un pequeño riesgo. Por lo tanto, a los más fuertes les resultó rentable reprimir a los más débiles, incluso cuando no se alimentaban de su carne, en lugar de continuar compartiendo con ellos un stock limitado de subsistencia. En otras palabras, la cantidad de trabajo y dolor que les costó la destrucción de los más débiles fue menor que la que les habría costado la escasez de subsistencia si les hubieran permitido permanecer. La diferencia fue el beneficio de la operación. En el caso del canibalismo, la ganancia se duplicaba, aumentaba la cantidad de comida y disminuía el número de competidores por la comida.

Esta segunda forma de competencia no es otra que la guerra: se dio, al parecer, primero entre hombres y animales compitiendo por la adquisición de materias alimenticias, luego entre los mismos hombres, y no ha dejado de existir. Impulsó la creación de un conjunto de herramientas de destrucción que aseguró la existencia de la especie humana al darle la victoria sobre especies competidoras, mejor equipadas con armas naturales, y determinó, al menos de manera indirecta, la invención de industrias que permitieron al hombre multiplicar sus medios de subsistencia en lugar de reducirse, como los animales, a los que le ofrece la naturaleza[3]. Entonces, los más

---

[3] Ver Fundamentos de Economía Política. Introducción, p. 5.

fuertes encontraron beneficio en esclavizar a los más débiles en lugar de masacrarlos y despojarlos o incluso devorarlos, se fundaron estados políticos y se ejerció la competencia en forma de guerra, por una parte, entre las empresas propietarias de los territorios y los poblaciones esclavizadas, y las hordas se quedaron a vivir de la caza y el saqueo; por otro lado, entre estas mismas sociedades con miras a aumentar sus medios de subsistencia extendiendo su dominio y aumentando el número de sus esclavos, siervos o súbditos. Estos son todavía hoy los dos principales objetivos de la guerra: la defensa de los Estados y su engrandecimiento.

Bajo el impulso directo o indirecto de esta segunda forma de competencia, se han hecho progresos que han dado lugar a una tercera: la competencia productiva o industrial. Recordemos brevemente cómo procedió. Continuamente amenazadas de destrucción, o al menos de despojo, las sociedades fundadoras y dueñas de los estados políticos han tenido que esforzarse por perfeccionar los instrumentos y aumentar las materias de su poder. Estos instrumentos y materiales eran de dos clases. Consistían, en primer lugar, en un aparato de destrucción, un ejército; en segundo lugar, en un aparato de producción, capaz tanto de proveer a la subsistencia de los miembros de la sociedad propietaria del Estado y de sus súbditos, como de proporcionar los avances necesarios para la constitución y puesta en marcha del aparato de destrucción. Bajo la presión de la competencia bélica, y tanto más cuanto más aguda era esta presión, las sociedades estatales se vieron obligadas no sólo a perfeccionar el arte y el material de la guerra, sino también a aumentar la producción de las industrias que les proporcionaban, junto con sus medios de subsistencia, los recursos necesarios para la defensa y expansión de sus establecimientos. Ahora bien, el progreso que aumenta la productividad de cualquier industria está subordinado a dos condiciones: seguridad y libertad. El productor debe estar seguro de consumir, en alguna medida, los frutos del progreso que logra, de lo contrario no tendrá ningún interés en imponerse el trabajo que implica el descubrimiento de procesos o la invención de herramientas y máquinas que hagan más productivo el trabajo. También debe ser libre para dedicarse a la industria, para la cual sus facultades lo hacen más adecuado, y debe poder disponer de los productos de su trabajo de la manera más conforme a su interés. Los Estados en que las poblaciones dedicadas a los trabajos de producción han adquirido la mayor medida de seguridad y libertad, han visto aumentar su poder al punto más alto. Se han vuelto los más fuertes, y al extender sucesivamente el dominio de la seguridad y la libertad han dado lugar y desarrollado la tercera forma de competencia: la competencia productiva o industrial, destinada a reemplazar a la segunda, como ésta reemplazó a la primera.

3.º *Competencia productiva o industrial:* Como la anterior, la competencia productiva da la victoria al más fuerte, al más capaz, en beneficio de la especie. Pero estas dos formas de lucha por la vida proceden de manera diferente, aunque su objetivo sea el mismo.

La competencia destructiva o bélica procede de una lucha directa. Dos tribus hambrientas entran en competencia por la posesión de un depósito de plantas alimenticias o un coto de caza. El más fuerte hace retroceder o extermina al más débil y se apodera de los medios de subsistencia que son objeto de la lucha. Más tarde, cuando el hombre ha aprendido a multiplicar los materiales necesarios para el mantenimiento de su vida, las «sociedades» de hombres fuertes que fundan las empresas de explotación designadas bajo el nombre de estados políticos, luchan por apoderarse de un territorio y someter a la población, pero tienen el mismo objetivo que las tribus primitivas: quieren obtener los medios de subsistencia, apropiándose, mediante la carga impositiva, de todo o parte del producto neto del trabajo de sus esclavos, siervos o súbditos. Esta lucha toma entonces el nombre de competencia política, pero no difiere en sus métodos de aquella en la que se empeñaron las tribus de cazadores y guerreros. Ambos proceden por destrucción directa del competidor, y pertenecen a la categoría de competencia destructiva o guerra.

La competencia productiva tiene otro proceso, al mismo tiempo que termina en la victoria del más fuerte o más capaz. Pero si gana el más fuerte, no es él quien juzga y decide la victoria, es un tercero, el consumidor del producto, o del servicio ofrecido por los competidores. Después de juzgar las ofertas que se le hacen, el consumidor da preferencia a la de los competidores que, a cambio de una determinada cantidad de productos o servicios, o de la moneda que sea su equivalente, le ofrece la mayor cantidad, o por igual cantidad, la mejor calidad del producto o servicio que necesita y que demanda; es decir, da preferencia a lo más barato. Pero, ¿cuál de los competidores puede ofrecer sus productos o servicios más baratos? Es aquel cuyo poder productivo es superior al de los demás, el más fuerte o el más capaz.

Siendo así, ¿cuál es el efecto de la competencia en su forma productiva?

Es incitar a los competidores a aumentar su poder o su capacidad de producción, so pena de no poder obtener a cambio los productos o servicios que crean y ofrecen, los que necesitan para subsistir y que piden.

El aumento de potencia o capacidad productiva se produce mediante la extensión de la división del trabajo, la invención y la puesta en marcha de procesos, herramientas y máquinas que permitan crear una cantidad de más productos y servicios a cambio de la misma cantidad de trabajo y dolor.

La competencia productiva actúa, por tanto, como cooperadora de la ley de la economía de fuerzas para determinar el progreso de la producción. Ella es un *propulsor*.

Pero realiza otra función no menos útil. Actúa para equilibrar los costes necesarios de creación de productos y servicios, producción y consumo. Ella es una *reguladora*.

Este oficio lo cumple con la cooperación de otra ley natural, la ley del valor.

IV.
LA LEY NATURAL DEL VALOR

¿Qué es el valor? Es un poder que tiene su fuente en el hombre mismo. Reside en el conjunto de las fuerzas vitales, físicas y morales de que está dotado y que aplica a la destrucción o a la producción. Aplicado a la destrucción, constituye valor militar o bélico, y ha sido el más útil a la especie, y por tanto el más estimado, desde que la guerra ha sido necesaria para el establecimiento de la seguridad en el mundo[4]. Pero es en su aplicación a la producción donde aparece su participación en la oficina reguladora de la competencia. ¿Cómo se hace la producción? Por un trabajo que implica un gasto de fuerzas vitales, por lo tanto un dolor ¿Qué excita al hombre a hacer este gasto? Es la perspectiva de obtener un producto que le da placer o le ahorra un dolor mayor que el que le causa el

---

[4] ¿Es necesario agregar que la destrucción aplicada al establecimiento de la seguridad es un factor de producción indispensable? El poder de destrucción, que constituye el valor militar, empleado para purgar un territorio de las bestias feroces que lo infestaban o para preservarlo de las incursiones de las tribus saqueadoras, se invierte en el suelo y forma, por así decirlo, la primera capa del valor del suelo. Véase *Nociones fundamentales de economía política*, cap. IV. La producción de la tierra.

gasto, constituyendo la diferencia una ganancia. Es por este beneficio que él trabaja. Pero, ¿qué pasa con el poder vital que ha gastado así? Este poder no desaparece, se exterioriza, reaparece aumentado por la ganancia en el producto y constituye su valor. Este valor, el hombre aislado lo consume él mismo después de haberlo producido. Pero ocurre lo contrario bajo el régimen de división del trabajo y de intercambio. Bajo este régimen imperante hoy, el productor ofrece valor a los productos en los que ha invertido y exige, a cambio, los que necesita o el equivalente con el que los obtiene, el dinero. El objetivo que tiene en mente al realizar este intercambio es, en última instancia, obtener un poder vital superior al que ha gastado en la creación de sus productos o utilizar la producción con la adición de una ganancia. Pero para lograr este objetivo, ¿qué se necesita? El producto que ofrece debe proporcionar a quien lo necesita y a quien lo solicita, al consumidor, un poder vital o reparador de su vitalidad lo suficientemente grande como para decidirlo a proporcionar a cambio un producto o un equivalente suficiente para reconstituir el poder vital gastado. en producción con ganancias adicionales. Esta ganancia aumenta con el valor del producto, el productor se esfuerza por alcanzar el precio más alto, mientras que el consumidor se esfuerza, por el contrario, por obtenerlo al precio más bajo. ¿Qué determinará este tipo de cambio? Ésta será la intensidad comparativa de las necesidades de las dos partes, la necesidad del productor de vender, la necesidad del consumidor de comprar. ¿Y cómo se traducirá la intensidad de la necesidad en el intercambio? Por el aumento más o menos rápido de las cantidades ofrecidas, cantidad de producto por un lado, cantidad de dinero por el otro. Aquí pueden surgir varios casos diferentes: 1° Sólo pueden estar presentes dos intercambiantes; (2) un solo productor en presencia de más o menos consumidores, o un solo consumidor en presencia de varios productores; (3) productores lo suficientemente numerosos como para competir entre sí, algunos para vender, otros para comprar. En estos diversos casos, es siempre la intensidad comparativa de las necesidades la que determina el tipo de cambio o el precio, pero bastará considerar este último. En este caso, si los poseedores del producto ofrecido a intercambiar son numerosos y si las cantidades del producto a intercambiar son abundantes, cada uno de ellos acelerará su oferta por temor a ser superado por sus competidores, mientras que los consumidores, seguros de que están siendo abastecidos, ralentizarán el suyo. Entonces, el precio caerá debido a la desigualdad de los dos movimientos. Por el contrario, aumentará si las cantidades suministradas son insuficientes, teniendo los productores la seguridad de deshacerse de ellas y los consumidores teniendo miedo de no obtenerlas. Pero, algo esencial a tener en cuenta, los movimientos ascendentes o descendentes en el valor de los productos no se desarrollan sólo en proporción a las cantidades ofrecidas para el intercambio, sino que se desarrollan en progresión geométrica. Porque en el caso de que las cantidades del producto sean insuficientes, el movimiento de la oferta se ralentiza mientras que el movimiento de la demanda se acelera; cuando, por el contrario, las cantidades del producto son superabundantes, el movimiento de la oferta se acelera mientras que el movimiento de la demanda se frena. ¿Qué resulta de esto? Esto se debe a que, en el primer caso, el valor del producto ofrecido a cambio aumenta mediante un impulso cada vez más rápido, hasta superar el coste de producción y el beneficio necesario, mientras que en el segundo caso disminuye siguiendo el mismo impulso, para descubrir el coste de producción y sustituir la ganancia por una pérdida creciente[5].

Ahora vemos cómo opera la acción reguladora de la competencia: es haciendo que la tasa de cambio del valor, es decir el *precio corriente*, gravite hacia la cantidad de costos de producción incrementados por el beneficio necesario para determinar la creación del producto o del servicio o, para utilizar la expresión característica de Adam Smith, hacia el *precio natural*. En efecto, cuando las cantidades producidas y ofrecidas al cambio son superabundantes, el precio corriente baja, y su caída, producida por un impulso que se desarrollará en proporción geométrica, no tarda mucho en caer por debajo del precio natural. Entonces, al desaparecer la ganancia para pronto dar paso a una pérdida, la producción disminuye y el precio natural incluso la supera. Si lo supera, el beneficio se eleva inmediatamente por encima de la tasa necesaria, este aumento no deja de atraer capital y trabajo y provocar un aumento de la producción y, por tanto, de las cantidades ofrecidas. Por tanto, no es necesario, como afirman los socialistas, que el Estado o cualquier otro poder sea responsable de regular la producción. Esta útil regulación opera por sí misma mediante la cooperación de las leyes naturales de la competencia y el valor. Basta no poner obstáculos a su funcionamiento regulador o, si encuentran obstáculos, dejarles actuar para allanar el camino; en una palabra, basta con dejarles hacerlo.[5]

Este es el motivo y tales son las leyes que rigen la actividad humana, el motivo del interés, la ley de la economía de fuerzas o del mínimo esfuerzo, la ley de la competencia, en sus diferentes formas, la ley del valor. Es bajo el impulso de este motivo y de estas leyes que el hombre ha realizado el progreso que lo ha sacado de la animalidad y lo ha elevado a la civilización, pasando por el estado de guerra para llegar al estado de paz.

---

[5] Ver nuestro *Curso de Economía Política*, 3.ª lección. «El valor y el precio», 2.ª edición, 1863.

Desde que el estado de guerra ha sido impuesto al hombre como condición de existencia y de progreso, este motivo y estas leyes han actuado para adaptar a él la organización política y económica de las sociedades. Puesto que la guerra ha cumplido su función de garantizar la seguridad de la civilización, y puesto que a su vez se impone el estado de paz, esta organización se modificará bajo el impulso del mismo motivo y de las mismas leyes. En el punto donde ahora ha llegado la evolución, ya podemos predecir cuál será la organización política y económica de la sociedad futura. Como intenté demostrar en mis trabajos anteriores, que este resume y completa, no tendrá nada que ver con las concepciones arbitrarias de los socialistas, porque se basará no en leyes hechas por manos humanas, sino en leyes que emanan de la misma fuente que las que gobiernan el mundo físico y de las cuales uno de los padres de la economía política, Quesnay, dijo:

«Debemos tener cuidado de no atribuir a las leyes físicas los males que son el castigo justo e inevitable por la violación del orden mismo de estas leyes, instituidas para realizar el bien.»

I.

EL ESTADO DE GUERRA

LA FORMACIÓN DE SOCIEDADES PRIMITIVAS Y LAS CONDICIONES NECESARIAS PARA SU EXISTENCIA

Se ha atribuido la formación de las sociedades primitivas a un sentimiento particular de simpatía del hombre por sus semejantes, pero una observación más exacta nos muestra que este sentimiento no es en modo alguno preexistente en la naturaleza humana; que nace de la necesidad que los hombres tienen unos de otros y del interés que esa necesidad despierta; que un hombre sólo es amigo de otro mientras hay acuerdo entre ellos en necesidades e intereses; que la oposición de necesidades e intereses genera inmediatamente un sentimiento de antipatía e incluso que ningún ser suscita en el hombre un odio más violento e implacable que su prójimo. Si los hombres unieron fuerzas es porque se necesitaban unos a otros; es porque asociándose podrían ahorrarse sufrimientos que les habría sido imposible evitar y obtener goces que no les habría sido menos imposible obtener si permanecieran aislados. Este es también el caso de todas las especies vivientes: los individuos que pueden sobrevivir sin la ayuda de sus semejantes y para quienes la asociación sería bastante perjudicial, viven aislados, como la mayoría de los carnívoros. Es la necesidad de asistencia mutua lo que determina que otros se asocien, y este es el caso de la especie humana. La asociación se le impuso como una necesidad vital para la conservación: primero, en su lucha con los animales de los cuales el hombre era competidor y presa, luego, en las luchas entre hombres. Los individuos físicamente más débiles, pero lo suficientemente inteligentes como para asociar y combinar sus fuerzas, pudieron inclinar la balanza a su favor y mantenerse en beneficio de la especie.

Sin embargo, este progreso requería mayores avances. No bastaba que los más débiles combinaran sus fuerzas para resistir a los más fuertes, había que pensar en maneras de mantenerlos unidos, así como ordenarlos y combinarlos de tal manera que les hicieran producir la mayor cantidad posible de poder de combate. Esta doble necesidad dio lugar a la creación de un organismo que encontramos en las sociedades menos aptas para el progreso, cuyos rudimentos se pueden ver incluso en las sociedades animales: nos referimos a un gobierno.

El examen más sumario de las condiciones bajo las cuales las sociedades emergentes podrían permanecer unidas y fortalecerse explica el papel de este organismo y su constitución natural. Estas condiciones se resumían en el establecimiento de una seguridad exterior e interior que implicaba el reconocimiento y separación de los actos útiles de los perjudiciales para la sociedad, y la garantía de unos frente a otros. El organismo destinado a velar por la seguridad de la asociación, del que depende la de sus miembros, debe, por tanto, estar constituido por el grupo de individuos más capaces de discernir el carácter útil o nocivo de los actos, es decir, los más inteligentes, y de los individuos más capaces de reprimir actos nocivos, es decir los más fuertes. Ésta era la constitución natural de los gobiernos.

Sin duda, las reglas a las que hemos dado el nombre de «leyes», que un gobierno establece para separar lo útil de lo nocivo, lo bueno de lo malo, esas reglas que la observación y la experiencia revelan, son siempre más o menos adaptadas a su destino, tanto mejores, más «justas» cuanto más eficazmente contribuyen a asegurar la conservación de la sociedad, aumentando su poder. En cualquier caso, originalmente lograron este objetivo necesario con mayor seguridad que las normas individuales a las que sustituyeron.

Asimismo, por imperfecto e injusto que fuera el gobierno de las sociedades primitivas, garantizaba a los individuos que las componían una seguridad superior a la que podrían haber producido aisladamente. Porque se opuso a los riesgos que amenazaban la existencia de cada persona con todas las fuerzas organizadas de la asociación. Además, esta seguridad superior era menos costosa. Mientras permanecía aislado, el individuo habría tenido que dedicar la mayor parte de su tiempo y de sus fuerzas a la defensa de su vida y de sus medios de subsistencia, aunque teniendo sólo la más mínima posibilidad de asegurar su conservación, ahora podía dedicar la parte de su vida. tiempo y fuerzas que este progreso puso a disposición, ya sea para satisfacer necesidades menos urgentes, ya sea para descubrir materiales e inventar instrumentos o procesos capaces de hacer más productivo su trabajo y así aumentar la suma de sus goces o reducir la de sus penas.

Es un interés común, el interés por la seguridad de sus vidas y de sus medios de subsistencia, lo que une a los miembros de una misma sociedad. Este interés despierta y desarrolla en ellos un sentimiento *sui generis* de simpatía por sus compañeros y por la sociedad misma. Pero este sentimiento no se extiende más allá de los límites de la asociación, rebaño, clan o tribu. Los individuos que no forman parte de él y las sociedades de las que son miembros, por el contrario, despiertan un sentimiento de repulsión y odio, debido a la oposición natural de sus intereses a los suyos propios. Porque en esta temprana época

71

en la que el hombre aún no había aprendido a multiplicar sus subsistencias, en la que estaba obligado a contentarse con las que le ofrecía la naturaleza, una sociedad sólo podía aumentar las suyas a expensas de sus competidores.

Capítulo II

LA COMPETENCIA ENTRE SOCIEDADES PRIMITIVAS Y SUS EFECTOS

Cuando su población excedía los medios de subsistencia que aún no habían aprendido a multiplicar, las sociedades primitivas se veían obligadas a eliminar el excedente o a apoderarse de cotos de caza o depósitos de plantas alimenticias pertenecientes a alguna tribu extranjera. Los más fuertes prevalecieron y exterminaron a los más débiles. Entusiasmados por la necesidad de conservación y gracias al ahorro de tiempo y trabajo que les proporcionó la asociación, los más inteligentes se dedicaron a remediar la inferioridad de sus fuerzas inventando armas y procesos de destrucción que inclinaron la balanza a su favor y les dio la victoria, al menos hasta que este progreso fue imitado por las tribus competidoras. Pero la invención y mejora de dispositivos destructivos adecuados tanto para la caza como para la guerra tuvo otro resultado: hacer que la caza fuera más rara al hacerla más fácil de alcanzar. De ahí surgió, entre las tribus demasiado débiles para aumentar sus medios de subsistencia a expensas de sus vecinos, la necesidad de multiplicarlos por otros métodos. El espíritu de observación y la capacidad de invención respondieron a la exigencia de esta necesidad, logrando el progreso decisivo que debía elevar a la especie humana por encima de la animalidad: a las industrias destructivas que le eran comunes con los animales y limitaban su población a los recursos alimenticios que ofrecía la naturaleza, los sustituyeron por industrias productivas que aumentarían indefinidamente sus medios de subsistencia y le proporcionarían el dominio del globo.

A tribus de unos pocos cientos de individuos, a quienes un vasto territorio sólo proporcionaba una subsistencia siempre precaria, fueron sucedidas por numerosas naciones provistas ampliamente de materiales para sustentar la vida. Sin embargo, este progreso que aumentó sus medios de subsistencia aumentó con ello los riesgos de destrucción a los que los exponía la competencia de las tribus que seguían viviendo de la caza de animales y de hombres. Por un lado, las riquezas que acumulaban despertaban deseos cada vez más ardientes entre estas tribus de cazadores y saqueadores, haciendo cada vez más rentable una invasión seguida de una incursión. Por otra parte, los pueblos que ahora necesitaban sus medios de subsistencia del cultivo de la tierra y de las profesiones pacíficas que había generado el aumento de la productividad de la industria alimentaria, estos pueblos en el camino hacia la civilización estaban perdiendo, por falta de ejercicio, las habilidades requeridas por las industrias destructivas de la caza y la guerra. Habrían sucumbido infaliblemente en esta lucha desigual y la civilización habría perecido en sus inicios si el mismo fenómeno que había determinado la sustitución de la caza por la agricultura no hubiera llevado el del sometimiento y la explotación a la masacre y al saqueo. Las incursiones sólo proporcionaron recursos que pronto se agotaron, y cuyo producto disminuyó a medida que la masacre y el pillaje, realizando su labor de destrucción, transformaron en regiones desérticas fertilizadas por el trabajo de una población trabajadora. Luego, cuando los beneficios temporales del saqueo disminuyeron y amenazaron con desaparecer, las tribus de saqueadores más inteligentes inventaron e implementaron un medio eficaz no sólo para perpetuarlos sino también para aumentarlos. Ocuparon permanentemente las regiones que antes se habían limitado a devastar en sus incursiones, y esclavizaron a las poblaciones en lugar de masacrarlas. Estas poblaciones, los saqueadores que se convirtieron en conquistadores, los obligaron a trabajar para ellos y a proporcionarles todo o parte del producto neto de su trabajo. También estaban interesados en protegerlos. Fundaron establecimientos cuyo fin era la explotación de los territorios conquistados y de las poblaciones esclavizadas, «estados políticos», en los que garantizaban la seguridad y defendían contra las invasiones de los bárbaros que seguían viviendo del saqueo. Este fue otro paso decisivo hacia delante, en el sentido de que su resultado final fue asegurar a la civilización contra el riesgo de destrucción y de retorno a la barbarie.

Capítulo III

COMPETENCIA ENTRE ESTADOS EN EL PROCESO DE CIVILIZACIÓN

Desde la fundación de estas empresas de explotación de los territorios conquistados y de las poblaciones sometidas, a las que dimos el nombre de Estados políticos o simplemente Estados, las sociedades conquistadoras tuvieron que luchar contra dos tipos de competidores: las tribus especialmente adaptadas a la guerra que continuaron viviendo del saqueo, y las demás empresas estatales, interesadas en desarrollar al máximo sus operaciones.

Como todos los demás fundadores y propietarios de empresas, aquellos en estados políticos tenían como objetivo aumentar las ganancias de la industria de la que buscaban su sustento. Podrían alcanzar este objetivo por dos vías diferentes: 1° aumentando el producto neto que obtenían de la explotación de las poblaciones sometidas; 2° por la conquista de territorios y «súbditos» adicionales. Pero el aumento del producto neto exigía avances que sólo podían lograrse con el tiempo; era necesario que los propietarios del Estado mejoraran su sistema de gobierno y su régimen de explotación, para incitar a las poblaciones sometidas a producir más; era necesario que les concedieran más libertad, a medida que se mostraban más capaces de gobernarse a sí mismos, y sobre todo que les abandonaran una porción menor del producto de su trabajo. Ahora bien, el poder absoluto que la conquista y la apropiación conferían a los dueños del Estado sobre sus súbditos, y que sancionaba la abrumadora superioridad de sus fuerzas organizadas, les permitió utilizarlos como ganado, y su codicia natural los empujó a dejar a este ganado humano sólo lo mínimo esencial para el mantenimiento de la vida, a menudo incluso menos que este mínimo. Sólo después de una larga y costosa experiencia de las pérdidas y daños que les causaba el exceso de sus impuestos, los propietarios de los Estados comenzaron a comprender que los medios más eficientes y eficaces para aumentar el producto neto recaudado, ya sea en forma de *corvées*, o en forma de impuestos en especie o en dinero, tenía como objetivo alentar a los productores a aumentar el producto bruto. La conquista de territorios y súbditos adicionales fue más fácil en comparación y concordaba mejor con las facultades y el humor combativo de los miembros de las sociedades conquistadoras. Además, siempre ha sido el objetivo principal, si no el único, de su política.

Pero esta competencia por la adquisición de territorios y sujetos explotables ha tenido resultados que los competidores no sospechaban. Obligó a las empresas estatales a realizar, bajo pena de desposesión parcial o incluso total, de todo progreso que los haga más fuertes, ya sea mejorando sus instituciones políticas y civiles, su régimen fiscal y económico, ya sea perfeccionando los métodos, el personal y el equipo de la industria destructiva.

En todas partes y en todos los tiempos, las instituciones políticas, militares, civiles, fiscales y económicas se han perfeccionado bajo el impulso de esta forma de competencia; En todas partes y en todos los tiempos, las sociedades más progresistas, aquellas que desarrollaron su poder destructivo

78

y productivo hasta el punto más alto, en una palabra, que se convirtieron en las más fuertes, han prevalecido sobre sus rivales. Hemos estudiado en nuestros trabajos anteriores el proceso de este desarrollo, hemos visto cómo el progreso de la industria de destrucción, al ampliar sucesivamente las salidas de la producción, ha determinado su progreso; cómo, finalmente, ambos han garantizado definitivamente la seguridad de la civilización[1].

[1] Véase en particular *l'Évolution économique du XIXe siècle et l'Évolùtion politique et là Révolution.*

CAPÍTULO IV

DECLIVE DE LA COMPETENCIA DESTRUCTIVA

Como todas las demás ramas de la actividad humana, la guerra está motivada por el beneficio. Sin embargo, el progreso combinado de las artes de destrucción y de producción tuvo como resultado una disminución continua de la tasa de esta ganancia para los pueblos guerreros y saqueadores que exigían sus medios de subsistencia principalmente de las incursiones que realizaban en los dominios de los pueblos civilizados; estas empresas se volvieron cada vez menos rentables a medida que el arte y el equipo de la guerra exigían una fuerza moral, una ciencia y avances de capital que sólo la civilización hace posible adquirir. Por eso las incursiones con fines de saqueo, después de haber aportado durante mucho tiempo grandes beneficios a las hordas bárbaras, de las que eran por tanto la ocupación favorita, acabaron por terminar en pérdidas. Así que, como todos los negocios perdedores, fueron abandonados, o al menos, sólo ocurren como excepción en las fronteras más remotas y menos vigiladas del mundo civilizado. Después de haber estado continuamente expuestas a invasiones bárbaras, las naciones civilizadas han comenzado desde hace varios siglos la conquista de las partes del globo que aún ocupan. Una vez completada esta conquista –y con toda probabilidad se hará antes de un siglo– las guerras a que da lugar naturalmente terminarán.

Pero hoy en día estas guerras tienen sólo una importancia completamente secundaria y sólo utilizan una parte casi insignificante del poder destructivo de los Estados civilizados. Es la guerra entre estos propios Estados la que absorbe la mayor parte de sus fuerzas. En la mayoría de las naciones, esta industria destructiva requiere un capital más considerable y emplea un mayor número de manos, si no de mentes, que cualquier industria productiva, con excepción de la agricultura. ¿Cuál fue y cuál es su situación de beneficios actual?

Hasta el momento en que la seguridad de la civilización estuvo definitivamente asegurada contra las invasiones de los bárbaros, este beneficio fue de dos clases. Consistía, por un lado, en la ganancia material y la satisfacción moral que recibía el vencedor; por otro lado, en el aumento de la seguridad que el progreso en el arte de la destrucción proporcionó al mundo civilizado, progreso que sólo podía lograrse mediante la guerra.

Los beneficios materiales y morales que una guerra aporta al Estado vencedor siempre han estado concentrados, casi exclusivamente, en manos de la sociedad que posee y gobierna el Estado. Estas ganancias alcanzaron su nivel más alto cuando la conquista de un territorio llevó al reparto de las tierras y de la población sometida entre los vencedores, proporcionándoles gloria y prestigio tanto mayores cuanto que la victoria los preservaba del trato que infligían a los vencidos. Esta misma victoria protegió a la población de esclavos, siervos o súbditos de los males de la invasión y el sometimiento a nuevos amos, muchas veces más toscos y codiciosos que los antiguos; además, cualquier guerra que determinara un progreso, por mínimo que fuera, en el arte de la destrucción, contribuía a la posible garantía de la seguridad de la civilización. Pero estos diversos beneficios disminuyeron cuando la conquista dejó de tener como resultado la masacre o la esclavización de los vencidos, y cuando ya no expuso a los súbditos conquistados a sufrir una dominación apenas diferente de aquella a la que estaban acostumbrados; finalmente, una vez plenamente asegurada la seguridad de la civilización, la guerra ya no le proporciona ningún beneficio.

Entonces, ¿en qué consiste realmente el beneficio de una guerra y a quién va?

Lo que queda se concentra en la clase gobernante de los Estados y se comparte entre el elemento militar y el elemento civil. Para la jerarquía de los soldados profesionales, consiste en el aumento de la remuneración y de las posibilidades de ascenso, en las recompensas extraordinarias que se conceden a los jefes del ejército, en la gloria que une a su nombre, aunque esta gloria disminuya con los peligros y daños de que la victoria preservó a la nación y los beneficios que pudo proporcionarle. Para los políticos que gobiernan el Estado, el beneficio de una guerra exitosa se traduce en un aumento de poder e influencia, sin impedir por ello que su dominación siga siendo siempre precaria; para los funcionarios públicos de todos los órdenes, el beneficio de una guerra, al menos cuando resulta en una anexión de territorio, consiste en una ampliación de la salida; sin embargo, este beneficio es sólo temporal, porque los territorios anexados también producen funcionarios que, tarde o temprano, vienen a competir con los de la nación anexante. Si, en lugar de una ampliación del territorio, la victoria sólo proporciona una compensación de guerra, esta compensación es absorbida, en su mayor parte, por la reparación y el aumento del aparato de guerra.

Por otra parte, las pérdidas y los daños que toda guerra causa a la multitud dedicada a las industrias productivas, tanto entre los neutrales como entre los beligerantes, han ido aumentando progresivamente desde que la transformación de la maquinaria de destrucción y de producción ha hecho la guerra más costosa, extendido y agravado los males que por naturaleza causa. Estas pérdidas y daños son de dos clases: directos e indirectos.

Las pérdidas directas consisten en la destrucción de hombres y capitales que toda guerra implica, y naturalmente han aumentado con la fuerza que el aumento de su población, de su riqueza y de su crédito ha valorado, especialmente durante el último siglo, la mayoría de los estados del mundo civilizado. Las pérdidas de los hombres no son menos sensibles que las del capital, en el sentido de que eliminan la flor de la población sana y determinan el debilitamiento de la raza.

A estas pérdidas directas se unen los daños indirectos, que aumentan a medida que los intereses se vuelven más internacionales: se restringen los mercados, el volumen del comercio disminuye, la demanda de capital y mano de obra se paraliza y, a medida que aumenta el gasto, los recursos necesarios para hacerlo que afrontamos se desarrollan con menor rapidez, sin que estas pérdidas y daños sean compensados por un aumento general de la seguridad.

Finalmente, la persistencia de la guerra obliga a todas las naciones a mantener, de manera permanente, los armamentos que necesita, y el progreso mismo del poder destructivo les impone cargas crecientes a este respecto, porque cada vez que un Estado perfecciona su equipo de guerra, otros consideran necesario imitarlo. Por eso, en medio de la paz, la guerra y las deudas que ésta ha causado absorben una parte cada vez mayor de los ingresos de los Estados modernos, al tiempo que sustraen a las industrias productivas un número cada vez mayor de personal, condenado a la ociosidad y a la desmoralización, a la espera para ser usado en la obra de destrucción.

En resumen, la guerra, después de haber cumplido su tarea asignada de producir seguridad, dejó de ser útil y se volvió dañina. Como veremos, está condenada a desaparecer para dar paso a una forma superior de competencia: la competencia productiva o industrial.

Capítulo V

POR QUÉ LA GUERRA PERSISTE DESPUÉS DE HABER PERDIDO SU RAZÓN DE SER

Habiendo dejado de producir seguridad la guerra, la multitud que exige a la industria sus medios de subsistencia soporta ahora los costes y los daños sin compensación alguna, pero no posee el poder necesario para ponerle fin. Este poder pertenece a los gobiernos. Ahora bien, si el interés de los gobiernos finalmente coincide con el de los gobernados, inmediatamente se opone a él. ¿Qué son, en realidad, los gobiernos? Empresas que producen servicios de diferente índole, empezando por la seguridad interna y externa. Quienes las dirigen, dirigentes y personal civil y militar, naturalmente tienen interés en ampliarlas, por los beneficios materiales y morales que esa ampliación les proporciona. Por lo tanto, su tendencia es aumentar sus atribuciones internamente, invadiendo el dominio de otras empresas, y extender su dominio al exterior mediante anexiones territoriales. No tienen que preocuparse por el costo de sus servicios y sus conquistas, porque son las naciones quienes corren con los costos.

Por otra parte, la nación que se encuentra, ante su gobierno, en la situación de consumidor frente al productor, sólo está interesada en pedirle servicios que pueda producir mejor y a menor coste que el de otras empresas y pagarles lo menos posible. Lo mismo ocurre con las anexiones de territorios: el mercado suplementario que proporcionan a su industria debe cubrir los costes de su adquisición y proporcionarle un beneficio al menos equivalente al que podría obtener de cualquier otro empleo de su capital y de su mano de obra.

Pero entre el gobierno productor y la nación consumidora el juego no es igual: el gobierno impone sus servicios y la nación está obligada a aceptarlos. En verdad, ha obtenido en países calificados de constitucionales el derecho a consentirlos y a debatir su precio, pero, a pesar de las reformas y revoluciones que se han multiplicado durante el último siglo, este derecho ha quedado impotente para establecer la igualdad entre el productor y el consumidor de servicios públicos. Además, los gobiernos modernos están menos interesados que sus predecesores en no abusar de las fuerzas y recursos de las naciones, y estos últimos, por su parte, están menos interesados y quizás también menos capaces de prevenir este abuso.

Bajo el antiguo régimen, el establishment político, el Estado, era propiedad perpetua de la asociación de hombres fuertes que lo habían fundado o conquistado, y los miembros de esta asociación, empezando por el líder, se sucedían de generación en generación en la parte del dominio común que les correspondía y en las funciones que le correspondían. Por lo tanto, estaban interesados a la vez en los sentimientos más enérgicos del alma humana, el amor a la familia y a la propiedad, en legar a sus descendientes su dominio mejorado y ampliado, y sólo podía ser con la condición de que el Estado hubiera aumentado su poder y recursos o, al menos, los había conservado intactos. Estaban, además, los impuestos que exigían a sus súbditos, un límite fiscal que no podían exceder sin daño y sin peligro para ellos mismos. Cuando abusaban de su poder soberano como propietarios para agotar las facultades contributivas de la población sometida, cuando desperdiciaban el producto de impuestos que se habían vuelto excesivos, el Estado se empobrecía y debilitaba. Luego sus propietarios se volvieron menos capaces de resistir a los competidores que siempre estaban alerta y dispuestos a aprovechar la oportunidad favorable para enriquecerse con su botín. La perpetuidad de la posesión del Estado y la presión de la competencia en forma de guerra fueron los preservantes del abuso del poder soberano que los gobernantes poseían sobre los gobernados.

Sin embargo, a medida que el peligro de invasiones ha disminuido y que, por otra parte, la transformación progresiva del material bélico exigía avances más considerables, la presión de la competencia dejó de ser continua y se volvió, en consecuencia, menos eficaz. Sin embargo, los amos del Estado continuaron imponiendo a sus súbditos cargas y servidumbres que ya no estaban justificadas por los mismos peligros, y provocaron en las clases cuya industria y comercio en progreso habían aumentado el poder un descontento creciente, que resultó en la subversión del antiguo régimen.

El rasgo característico del nuevo régimen, lo que lo distingue, al menos teóricamente, del antiguo, es la transferencia a la nación del *establishment* político, del Estado y, en consecuencia, del poder soberano inherente al derecho de propiedad sobre el dominio y los súbditos del Estado. Este poder, cuyo ejercicio se confería al jefe, la mayoría de las veces hereditario, del gobierno de la clase política, y que ponía a su disposición la vida y los bienes de los súbditos, tenía su razón de estar en estado de guerra. Este líder responsable de la preservación del Estado debía ser investido de un poder ilimitado para requisar fuerzas y recursos individuales para utilizarlos en todas las circunstancias que considerara necesario, ya fuera para defender el Estado o para aumentar su poder mediante la ampliación territorial. La atribución de la propiedad del establishment político a la nación no eliminó esta necesidad. Mientras persistiera el estado de guerra, era necesario conceder al gobierno responsable de la seguridad de la nación el derecho ilimitado de requisa sobre las vidas y propiedades de los individuos, que poseían sus predecesores en el antiguo régimen. Sin embargo, como la experiencia del pasado demuestra que los detentadores del poder soberano no dejan de abusar de él, también es esencial protegerse contra ese abuso. ¿Cómo procedieron los teóricos del nuevo régimen? Como la experiencia demostró además que la nación no podía desempeñar por sí misma el cargo de gobierno, sólo le concedieron el derecho de nombrar representantes responsables del ejercicio de su soberanía. Pero como estos mandatarios podían ser infieles o, simplemente, a la larga, ya no expresar exactamente la voluntad de la nación, la duración del mandato era más o menos estrictamente limitada. Finalmente, habiendo demostrado la experiencia que los agentes no podían más que sus principales desempeñar el cargo de gobierno, organizar e implementar los dispositivos necesarios para la producción de seguridad externa e interna y otros servicios atribuidos incorrecta o correctamente al gobierno, las «constituciones» sólo les confiere soberanía, el ejercicio del poder legislativo con derecho a delegar el poder ejecutivo en los ministros que les son responsables, y obligados a cumplir, bajo pena de destitución, a voluntad de la mayoría de las reuniones de agentes. Este método de compartir y ejercer la soberanía tiene, en verdad, variaciones. En las monarquías constitucionales, el jefe de gobierno seguía siendo hereditario, pero era declarado irresponsable y su única función consiste en nombrar al ministerio responsable designado por la mayoría de los representantes de la nación. Estos son elegidos, nominalmente, por la nación o por la parte de la nación investida de derechos políticos, pero, de hecho, por asociaciones, *partidos*, que compiten por la gestión del Estado, debido a los beneficios materiales y morales que dicha gestión proporciona. Estas asociaciones políticas no son, en realidad, más que ejércitos organizados para la conquista del poder. Tienen un interés inmediato: es aumentar el número de sus miembros, es obtener la mayoría electoral. Sus dirigentes prometen con este fin a los votantes influyentes cualquier participación en los beneficios de la conquista, lugares o privilegios; pero sólo pueden cumplir estas promesas aumentando las atribuciones del Estado y multiplicando sus empresas pacíficas o bélicas. Si esto tiene el efecto de aumentar la carga sobre la nación y debilitar su vitalidad, ¡no les importa! La conquista y conservación de un poder que se les disputa continuamente, les obliga a tener en cuenta sólo su interés partidista, sin investigar si este interés egoísta e inmediato concuerda o no con el interés general y permanente de la nación. Así es como los teóricos del nuevo régimen, al sustituir la posesión temporal del poder soberano por la posesión perpetua, agravaron la oposición de los intereses que pretendían unir; han debilitado o incluso eliminado el único motivo que podría impedir con eficacia a los gobiernos, productores de servicios públicos, abusar de su poder soberano en detrimento de los consumidores de estos servicios.

Sin embargo, las constituciones han proporcionado garantías contra este abuso; en particular, proclamaron el derecho a censurar las acciones gubernamentales a través de la prensa, pero este derecho con demasiada frecuencia resultó estéril. La prensa ha obtenido más beneficios poniéndose al servicio de los intereses de clase o de partido que del interés general, y haciéndose eco de las pasiones del momento en lugar de hacer oír la voz del pueblo. En ninguna parte ha actuado para frenar la tendencia del gobierno a aumentar el gasto público. Al mismo tiempo, causas económicas, el progreso de la industria y el desarrollo del crédito, favorecieron la misma tendencia. El progreso de la industria, al aumentar en proporciones extraordinarias durante el último siglo la riqueza de las naciones civilizadas, ha hecho soportables cargas que antes habrían sido aplastantes. El desarrollo del crédito público ha proporcionado a los gobiernos los medios para transmitir a las generaciones futuras una parte cada vez mayor de sus gastos y, en particular, casi todos sus gastos de guerra. Mejor aún. Ha interesado a la generación actual, o al menos a una parte importante e influyente de esta generación, en los gastos que se cubren con préstamos, porque obtiene todos los beneficios del movimiento empresarial que generan estos gastos, mientras que sólo sostiene una pequeña parte de los costes necesarios para su amortización.

Podemos explicar así por qué el poder soberano del que se ha seguido investido a los gobiernos se ha utilizado incluso más que bajo el antiguo régimen para agravar las cargas de las naciones, ya sea que provengan del aumento de las atribuciones antieconómicas del Estado o de la continuación de las mismas luchas destructivas que ya no se ven compensadas por ningún aumento de la seguridad de la civilización.

Capítulo VI

CONSECUENCIAS DE LA PERSISTENCIA DEL ESTADO DE GUERRA

Mientras la guerra fue el agente necesario para la producción de seguridad, en ausencia de la cual las sociedades humanas se veían continuamente reducidas a un estado cercano a la animalidad, los sacrificios que costó y los daños que causó fueron ampliamente compensados por la contribución que ella hizo para garantizar la civilización. Pero, desde que el progreso del poder destructivo y productivo, realizado bajo su impulso, dio una preponderancia decisiva a los pueblos civilizados, esta compensación ha dejado de existir. Además, el progreso mismo del cual la guerra fue el vehículo hizo que fuera cada vez más costosa, tanto en términos del gasto de hombres y capital que requiere como en los daños directos e indirectos que causa. Si no es posible tener en cuenta este gasto y estos daños, al menos podemos ofrecer una descripción resumida.

Nos limitaremos a recordar que los distintos Estados de Europa han acumulado una deuda de 130 mil millones, de los cuales aproximadamente 110 mil millones en el último siglo, y que esta colosal deuda proviene casi exclusivamente de gastos de guerra; que mantienen más de 4 millones de hombres en tiempo de paz, y pueden aumentar esta cifra a 12 millones en tiempo de guerra; que dos tercios de sus presupuestos son absorbidos por el servicio de la deuda y el mantenimiento de los ejércitos de tierra y mar. Si observamos la progresión del gasto público a lo largo del siglo, encontramos que el monto de las contribuciones monetarias aumentó en la proporción de uno a cuatro e incluso cinco, y que el impuesto a la sangre en los países del continente siguió la misma progresión. Para citar sólo a Francia, el presupuesto estatal ha aumentado desde la Restauración de 1.000 millones a 4 y el contingente anual del ejército de 40.000 hombres a 160.000. La progresión fue aproximadamente la misma en los demás Estados y también se aceleró notablemente en todas partes durante la segunda mitad del siglo.

En verdad, la población de Europa se ha duplicado desde finales del siglo pasado y su poder productivo ha aumentado en mucha mayor medida, gracias al maravilloso progreso que ha transformado la mayoría de las ramas de la industria. Aunque las estadísticas sólo nos informan de manera imperfecta a este respecto, podemos admitir que el poder productivo se ha desarrollado en la misma medida que los impuestos sobre sus frutos, pero hay señales claras que anuncian que la progresión de la productividad de la industria tiende actualmente a desacelerarse, mientras que la de las cargas que le pesan está, por el contrario, acelerándose. El crecimiento de la población es menos rápido, y lo mismo ocurre con el movimiento comercial y el producto de los impuestos; lo que atestigua visiblemente un menor desarrollo de la riqueza. Sin embargo, las causas que actúan para mantener la progresión de los impuestos no han perdido nada de su fuerza. Nada puede indicar que la prolongación del estado de guerra no provocará en el siglo XX un aumento de gastos y deudas al menos igual al que se produjo en el siglo XIX. ¿Serán los impuestos que actualmente cubren estos gastos y deudas lo suficientemente productivos para cubrirlos? En Francia, por ejemplo, ¿su producto aumentará lo suficiente como para cubrir un presupuesto de 8 mil millones y una deuda de 60? Y si no es suficiente, ¿no será necesario aumentar el tipo de los impuestos existentes o crear otros nuevos? Pero hay un límite natural al aumento y la multiplicación de los impuestos, y ese es el tipo impositivo. Cuando se supera esta tasa, marcada por la capacidad productiva de los gravados, los ingresos tributarios disminuyen en lugar de aumentar. Por lo tanto, llegará un momento en que la propia clase gobernante se verá afectada en sus medios de subsistencia por los costos crecientes que implica la prolongación del estado de guerra.

Sin embargo, esta prolongación en un momento en que la guerra ha dejado de ser útil no sólo resulta en imponer una carga cada vez mayor de gasto militar a las naciones civilizadas. Tiene otro resultado no menos dañino: sigue exigiendo la atribución a los gobiernos de poder soberano sobre las vidas y propiedades de los individuos. Como no hay límites a los sacrificios que la guerra puede exigir, es necesario que los gobiernos tengan un poder no menos ilimitado para imponerlos. Este poder, que bajo el antiguo régimen se concentraba en manos del jefe hereditario de la oligarquía propietaria del *establishment* político, ha pasado teóricamente a la nación y, en la práctica, a los dirigentes del partido que lo poseen precariamente. Hemos visto anteriormente que esta transferencia de poder soberano, en lugar de restringir su abuso, tuvo, por el contrario, el efecto de ampliarlo y agravarlo. También hemos visto que todas las garantías estipuladas a favor del individuo para protegerlo de este abuso siguen siendo ilusorias. Les guste o no, quienes ejercen la soberanía están obligados a poner este formidable instrumento al servicio de los intereses de los que depende su existencia. Bajo el antiguo régimen, sólo tenían que contar con una oligarquía a la que correspondía el monopolio de las

95

funciones superiores, militares y civiles, pero que no podía, sin caer, descender a funciones inferiores y, más aún, dedicarse a las funciones serviles de industria y comercio. Los apetitos de las clases dominantes eran indudablemente exigentes, pero se movían dentro de un círculo naturalmente estrecho. Al soberano le bastaba con satisfacer la ambición y la codicia de un pequeño número de familias en posesión hereditaria para proporcionar el alto personal del Estado. Ha sido diferente desde que los gobiernos tuvieron que contar con apetitos cada vez más numerosos y no menos hambrientos. Ya no les bastaba con proporcionar mandos y sinecuras a las familias influyentes de una oligarquía; tenían que poner a disposición de miles e incluso cientos de miles de familias en posesión del poder y de la influencia política, funciones de todo tipo y otorgarles sus intereses, a costa del resto de la nación, una protección especial. Luego al militarismo se unió el estatismo y el proteccionismo para aumentar las cargas de la multitud. Estos cargos que determinan la participación del Estado y sus protegidos en los resultados de la producción, a veces se suman a las participaciones de los agentes productivos, capital y trabajo, y otras veces se deducen de ellos. Se añaden cuando los productores pueden aumentar el precio de sus productos por el importe total del impuesto, lo que ocurre cuando están protegidos contra la competencia de países donde la producción está menos gravada. En este caso, la carga del impuesto recae sobre los consumidores y reduce el poder adquisitivo de sus ingresos, ya sea que los obtengan del capital o del trabajo. Sin embargo, los empresarios industriales protegidos y sus patrocinadores suelen encontrar en la protección beneficios que compensan y superan la pérdida de poder adquisitivo que sufren como consumidores, de modo que la multitud que vive del producto de su trabajo desprotegido soporta a la vez la carga de los impuestos y el de protección. En el caso en que la competencia externa impida a los productores aumentar los precios de sus productos por el monto total del impuesto, un caso excepcional, porque la carga del impuesto aumentará con un impulso casi igual en todos los países civilizados, la parte del Estado es deducida de las participaciones de los agentes productivos. Pero el capital, por su propia naturaleza, escapa a esta deducción: aunque nace de la producción, sólo tiene por objeto la producción de manera incidental. Se constituye con miras a satisfacer las posibles necesidades de la vida y puede subsistir indefinidamente permaneciendo inactivo. Sólo se ofrece a la producción en la medida en que la remuneración que proporciona cubre las privaciones resultantes de su indisponibilidad y los riesgos de su utilización con el añadido de un beneficio. Si esta privación, estos riesgos y este beneficio no están cubiertos, no se ofrece o se retira. Los cargos que los gobiernos imponen a la producción bien pueden reducir el número de empleos abiertos al capital, pero no pueden reducir la tasa de su remuneración. Es diferente para el trabajo. Está obligado a ofrecerse a la producción para satisfacer las necesidades inmediatas de la vida. A menos que se escape mediante la emigración, siempre difícil y costosa, a países menos agobiados, es a su costa que se deduce la parte del Estado y de sus protegidos.

Los socialistas atribuyeron al capital esta creciente influencia del Estado sobre la participación del trabajo en los resultados de la producción. Si la remuneración del trabajo no ha aumentado debido al enorme aumento de la productividad de la industria, esto se debe, según sus médicos, a que el capital ha abusado de su poder para robarle la mayor parte, si no la totalidad, de lo que debería haberle correspondido. En consecuencia, han enfrentado al trabajo contra el capital y provocado entre estos dos factores necesarios de producción una lucha que sólo puede agravar los males a los que pretenden poner fin.

Sin duda, los males que padecen los trabajadores no provienen sólo de la insuficiencia de sus remuneraciones, sino también del mal uso que de ellas hacen quienes entre ellos son incapaces de gobernar útilmente sus vidas. A las molestias del gobierno colectivo se suman las molestias del gobierno individual, pero, como veremos, si las primeras no generan los segundos, son un obstáculo para su curación.

En última instancia, el poder soberano de los gobiernos sobre las vidas y propiedades de los individuos es la fuente de la que fluyen el militarismo, el estatismo y el proteccionismo. Sin embargo, este poder sigue teniendo su razón de ser en la persistencia del estado de guerra. El progreso más urgente que se debe realizar en la situación actual de las sociedades civilizadas consiste, pues, en poner fin al estado de guerra. En verdad, este progreso se logrará necesariamente por sí solo mediante la dificultad cada vez mayor de perpetuar una forma de competencia incompatible con las nuevas condiciones de existencia de las sociedades; pero podemos acelerarlo y también acelerar la consecución de los avances que el estado de paz hará posible[1].

---

[1] Consulte, para conocer las novedades, Grandeur et Décadence de la guerre.

II.
EL ESTADO DE PAZ

Capítulo I

LA GARANTÍA COLECTIVA DE LA SEGURIDAD DE LAS NACIONES

La solución al problema de establecer un estado permanente de paz entre naciones civilizadas reside en la sustitución del régimen de garantía aislada por una garantía colectiva de su seguridad exterior. Si consideramos la enorme y cada vez mayor carga que pesa sobre ellos este régimen obsoleto, al mismo tiempo que su insuficiencia para proteger a los débiles contra el abuso del poder de los fuertes, estaremos convencidos de que el momento no puede estar lejano cuando la necesidad de este progreso se impondrá al mundo civilizado. Es la misma necesidad que determinó la formación de sociedades primitivas de garantía colectiva de seguridad individual, de rebaños, clanes o tribus. Mientras que el individuo aislado estaba obligado a emplear la mayor parte de su tiempo y sus fuerzas en defender su vida y sus medios de subsistencia, y por tanto pagaba su seguridad al máximo, la asociación le permitía cubrir con menos gastos los riesgos de destrucción de su vida a que estuvo continuamente expuesto. Por muy considerable que fuera la prima exigida por el seguro colectivo, era inferior al tiempo y esfuerzo necesarios para la defensa aislada de su vida y sus medios de subsistencia y le proporcionaba una seguridad incomparablemente más completa.

Sin embargo, esta sociedad de seguros colectivos sólo podía cumplir su función con una condición, a saber, que sus miembros abdicaran en su favor del derecho de juzgar en su propia causa cuando su interés o su pasión se encontraban en conflicto con el interés o la pasión de otros y renunciar al uso de la fuerza para ejecutar su sentencia; es así que el juicio individual fue sustituido por el juicio de la sociedad o de un poder que emanaba de ella y sancionado con fuerza suficiente para vencer toda resistencia. Esta justicia colectiva que reemplazó a la justicia individual implicó la creación de un código que definía los derechos de cada persona y establecía una escala de penas para las violaciones cometidas en ellos, escala que se gradúa según la gravedad del daño causado por esas violaciones.

Por muy imperfecta que haya sido y siga siendo la justicia colectiva, ha sido en todas partes y en todo momento superior a la justicia individual. La experiencia atestigua hasta qué punto el individuo es incapaz de juzgar imparcialmente su propia causa. El interés o la pasión paralizan su sentido de la justicia y le empujan a hacer prevalecer las pretensiones más abusivas. Este veredicto que pronuncia bajo el impulso ciego de sus instintos o de sus apetitos, él mismo se encarga de ejecutarlo. Si es el más fuerte, lo impone al contrario y este está obligado a someterse a él, aunque tenga, de la manera más evidente, el derecho de su parte. En el juicio individual, el interés o la pasión suelen prevalecer sobre la justicia, y, en la ejecución de este juicio, la fuerza siempre prevalece sobre el derecho.

Lo mismo ocurre en los conflictos entre naciones. Cada uno afirma estar en su derecho, y si sucede que hombres entre los que prevalece el sentimiento de justicia se ponen de acuerdo con el partido contrario, la multitud, cegada por la pasión, y los políticos ávidos de popularidad no dejan de acusarlos de traición a la patria. Cuando el conflicto se resuelve mediante la guerra, los mismos que condenaron como injusto un veredicto dictado por el interés o la pasión están obligados a contribuir a su ejecución, a menos que, cosa rara, tengan el valor de romper los vínculos que los unen a la nación, en lugar de asumir parte de la responsabilidad por la realización de una injusticia. Finalmente, en la guerra entre dos naciones, como en la lucha entre dos individuos, la victoria pertenece al más fuerte, por abusivo que sea el veredicto que se complace en dar. El poder prevalece sobre el derecho.

La pregunta entonces es si las naciones están interesadas en seguir juzgando soberanamente su propia causa y ejecutando sus propios veredictos. En primer lugar, hay que señalar que esta justicia autónoma les cuesta cada vez más. Por un lado, a medida que han mejorado los medios de comunicación y se ha ampliado el área de seguridad, se han multiplicado las relaciones de intereses entre las naciones y con ellas las oportunidades de conflicto. Por otro lado, a medida que aumentó la productividad de sus industrias, gracias al progreso de los procesos de producción y la maquinaria, las naciones pudieron desplegar una cantidad cada vez mayor de poder destructivo. Expuestos así a conflictos cada vez más numerosos, con adversarios cada vez más poderosos, obligados a recurrir a la fuerza cada vez que juzgaban, con razón o sin ella, que la ley estaba de su lado, ¿no consideraban necesario aumentar constantemente el poder del aparato para ejecutar sus sentencias? Sin duda, las clases de la nación a quienes el ejército y la marina ofrecen una salida ventajosa han impulsado, por un interés puramente egoísta, su crecimiento, pero ¿podría la multitud, que soportaba el peso creciente, negarse a cubrir los gastos necesarios para proteger sus derechos? ¿Podría decidirse, en caso de conflicto, a sufrir, sin resistencia, los ataques más injustos y dañinos, o exponerse a una derrota segura emprendiendo, con armamento atrasado e insuficiente, una lucha desigual? ¿No estaba su honor ligado al mantenimiento de sus derechos, y este interés no debería prevalecer sobre todos los demás? Así es como las naciones civilizadas se han visto conducidas a aumentar su poder destructivo en la medida del desarrollo de su poder productivo e incluso más allá, y cómo en Europa, donde su acercamiento ha multiplicado particularmente los conflictos, hoy están aplastadas bajo el peso de la paz armada.

Al menos, ¿han conservado intacto este derecho soberano a juzgar su propia causa y a ejecutar sus propios veredictos, que les cuesta cada vez más? ¡No! este derecho ya no pertenece hoy en toda su integridad, ¡e incluso entonces! sólo a las naciones más poderosas, a los Estados más fuertes. Aunque los pequeños Estados de Europa no dedican a sus armamentos sumas significativamente inferiores, en definitiva, a las de los grandes, de hecho, han dejado de tener el derecho, si no de juzgar en su propia causa, al menos para ejecutar sus propios juicios. Todavía pueden pronunciar estas sentencias, pero las grandes potencias que constituyen lo que se ha llamado el Concierto de Europa se han otorgado el derecho de impedir o detener su ejecución y, en última instancia, de modificar o incluso revertir sus términos.

¿En virtud de qué ley se formó esta asociación de las grandes potencias? ¿Sobre qué base se fundamenta el derecho de intervención que se ha concedido para impedir que Estados independientes y soberanos sometan su derecho a juzgar su propia causa a la sanción de la fuerza? Evidentemente, este derecho de intervención sólo puede basarse en un derecho superior al de los Estados individuales, es decir, en el derecho de la comunidad civilizada a prohibir actos que la perjudiquen.

Aquí nos encontramos ante un hecho nuevo, a saber: la creciente solidaridad que el desarrollo de las industrias productivas y la ampliación de la esfera del comercio han creado entre las naciones. Mientras las relaciones económicas y financieras internacionales tuvieron poca importancia, esta solidaridad permaneció en un estado embrionario. Una guerra sólo causaba daños locales, cuyas repercusiones apenas eran sentidas por los neutrales. Esto ya no es así desde que los múltiples vínculos de intercambio comenzaron a unir los intereses de todos los pueblos de la tierra. Hoy en día, toda guerra provoca una crisis que daña tanto los intereses de los neutrales como los de los beligerantes. De este daño, ahora inevitable, nació el derecho de intervención de los neutrales para impedir que los Estados entre los que surge una disputa, un proceso, recurran a la guerra para solucionarlo. Los Estados más fuertes comenzaron a ejercer este derecho respecto de los más débiles, es decir, aquellos cuya resistencia no tenían motivos para temer. Aniquilaron o al menos socavaron con ello el derecho que posee todo Estado independiente y soberano a juzgar su propia causa y a ejecutar sus sentencias por la fuerza, y colocaron así, desde el punto de vista del derecho, a los pequeños Estados en una situación inferior al de los grandes. Los Estados pequeños tarde o temprano sentirán la indignidad de esta situación inferior, pero ¿cómo podrán salir de ella? ¿Será exigiendo la restitución de sus derechos de guerra? Pero ya no pueden ejercer este derecho sin causar a los neutrales un daño contra el que tienen derecho a protegerse y que en cualquier caso da lugar a una indemnización. Por otra parte, si el ejercicio del derecho individual de soberanía, en esta materia, les resulta imposible, están justificados para exigir la participación en el derecho colectivo que los grandes Estados se han asignado y su admisión, con una parte del derecho proporcional a su importancia, en el concierto europeo.

Supongamos que este progreso se haga realidad (y se realizará cuando la imposibilidad de mantener el estado de guerra y los armamentos ruinosos que requiere se vuelva flagrante), podemos predecir fácilmente cuál será el resultado.

Una asociación que comprenda a todos los Estados de Europa y luego se amplíe mediante anexión o alianza con los de otras regiones del globo, poseería naturalmente un poder mayor que el del más poderoso de esos Estados; podría, en consecuencia, obligarle a someter sus litigios o sus litigios a un tribunal arbitral u otro y sancionar los veredictos de este tribunal con una fuerza a la que no podría ni soñar en resistir. Dicho esto, el desarme se impondría a las naciones como se imponía a los señores feudales cuando las fuerzas colectivas de la nación estaban concentradas en manos de un líder, rey o emperador, investido con el ejercicio de la soberanía. Entonces, el aparato bélico podría reducirse en cada Estado al contingente necesario para garantizar la seguridad común contra los pueblos que quedan fuera de la civilización. Sin embargo, gracias a la preponderancia adquirida por las naciones civilizadas, este contingente pudo reducirse en proporciones al menos equivalentes a las del aparato para garantizar la seguridad interna de los Estados, ya que se quitó a los individuos el derecho a tomar justicia por su propia mano y se transfirió a un poder que emana de la comunidad nacional.

Al ofrecer una visión general de las cargas que la persistencia del estado de guerra agobia a los pueblos civilizados, de los daños directos e indirectos que genera, hemos permitido prever los enormes ahorros que les supondría la llegada del estado de paz. Pero este ahorro de sangre y dinero será sólo el mínimo beneficio que obtendrán de ello. Hará posible una serie de avances que abrirán una nueva y mejor etapa en la vida de la humanidad[1].

---

[1] Nota del Apéndice A. El Zar y el desarme.

Capítulo II

LA LIBRE CONSTITUCIÓN
DE LAS NACIONALIDADES

El primer y no menor progreso que permitirá el establecimiento del estado de paz consistirá en la libre constitución de las nacionalidades.

Como lo atestigua toda la historia –y no es inútil resumir aquí lo que hemos dicho al respecto– es por la fuerza y no por el libre acuerdo de las partes como se han fundado los Estados políticos. Las variedades más fuertes de la especie (normalmente hordas que viven de la caza y el saqueo) se han apoderado de los territorios ocupados por las variedades más débiles; los repartían entre ellos y ya sea que redujeran a la esclavitud a la población de los países conquistados, o que los dejaran a su cargo para su propia subsistencia bajo un régimen de servidumbre o simple sujeción, los obligaban a trabajar para ellos. Un Estado político era, originalmente, sólo una empresa agrícola e industrial. Los beneficios de esta empresa dependían de la capacidad de sus propietarios para gobernarla, de la actividad y capacidades productivas de la población sometida, de la fertilidad del suelo, etc. Estas ganancias, recaudadas mediante *corvées* e impuestos en especie o en dinero, constituían la renta de los propietarios y no tenían otro límite que la cantidad del producto neto de las industrias practicadas por los esclavos, siervos o súbditos. Sirvieron en parte para la subsistencia de los propietarios –hoy diríamos accionistas– de la empresa, y en parte para la defensa y expansión de su dominio colectivo. Como toda asociación que explota cualquier rama de la industria, la empresa propietaria de un Estado debe constituir un gobierno, responsable de la dirección de sus diversos servicios. Como cualquier otra, su único objetivo era su propio interés, que se resumía en la conservación y aumento de sus ganancias. Estos sólo podían aumentarse de dos maneras: aumentando el producto de las *corvées* y otros impuestos, o ampliando el dominio. Fue al segundo de estos procesos al que las empresas propietarias de establecimientos políticos recurrieron a la preferencia; el primero requirió habilidades de buen gobierno de las que a menudo carecían. Pero el dominio de una sociedad sólo podía ampliarse a expensas del de otra. En este estado de cosas, la guerra era necesaria: las sociedades que sobresalían en ella ampliaban los límites de su territorio y aumentaban el número de sus súbditos y, por tanto, la suma de sus beneficios. No les preocupaban la raza, el idioma ni las costumbres particulares de las poblaciones que habitaban el país conquistado, como tampoco a los industriales y comerciantes les preocupaban las de su clientela. Obedeciendo exclusivamente al motivo del interés, se dedicaron, sin otra consideración, a adquirir los territorios cuya conquista y conservación les parecía la explotación más fácil y provechosa. Poblaciones enteramente diferentes en raza, lengua y moral entraron así, lo quisieran o no, en el dominio de la sociedad conquistadora y sólo salieron para ser apropiadas a otros según lo que decidiera la sociedad. la propiedad de un *establishment* político pasó a concentrarse en una casa soberana.

Este modo de constitución de naciones y nacionalidades o «patrias» nos parece hoy bárbaro, pero, dada la diversidad y desigualdad de las razas humanas y las condiciones originales de su existencia, no sólo era el único posible, sino aún el único útil que podría preservar de la destrucción las variedades más débiles de la especie. Si los más fuertes no hubieran encontrado más provecho en someter a los más débiles y vivir permanentemente de la explotación de sus facultades productivas, que en seguir masacrándolos y saqueándolos, como hicieron no hace mucho con los turcomanos y los beduinos, si no hubieran estado interesado en proteger a razas incapaces de protegerse a sí mismas, la civilización no habría sido posible. Pero desde el momento en que los más fuertes encontraron en la explotación del trabajo de los más débiles beneficios mayores que los de la industria destructiva de los *raids*, las industrias productivas pudieron sobrevivir y desarrollarse. Por muy alto, aunque excesivo, que fuera el precio al que los productores pagaban su seguridad a las sociedades de hombres fuertes a quienes estaban apropiados, como esclavos, siervos o súbditos, sin embargo, ellos encontraron, por su parte, beneficios de este intercambio forzoso de servicios.

Esta apropiación de los más débiles a los más fuertes fue completa y útil porque interesaba al máximo a sus dueños en defenderlos. Los derechos de propiedad de los amos del Estado sobre las poblaciones que habían sometido implicaban naturalmente el derecho a transferirlas, a intercambiarlas, cualquiera que fuera su renuncia a cambiar de amos. En verdad, un cambio de dominación apenas modificaba su condición: ya sea por descuido, ya para adherirse a sus nuevos súbditos, los conquistadores respetaron voluntariamente sus instituciones locales y les permitieron el libre uso de su lengua; se contentaban, lo que para ellos era esencial, con recaudar los impuestos en especie o en dinero que les proporcionaban a sus predecesores, la mayoría de las veces sin aumentarlos; a veces incluso los redujeron, al menos temporalmente.

En estos diversos aspectos, los conquistadores modernos se muestran menos liberales que sus predecesores y, curiosamente, esta disminución en el trato a las poblaciones conquistadas fue causada por el progreso que extendió los derechos de los amos a los súbditos. Según la nueva teoría, la soberanía, la propiedad y la explotación del Estado, hasta entonces concentradas en manos de la oligarquía resultante de la conquista y administradas por una «casa», se atribuían a la nación. Sin embargo, habiendo sido declarada la nación, en virtud de la misma teoría, «una e indivisible», los súbditos que se han convertido en soberanos no son más libres que antes para separarse de ella. Por otra parte, la nación, por su parte, no puede separarse de ellos; tiene prohibido cambiarlos o venderlos; no puede cederlos a menos que se le obligue a hacerlo por la fuerza, aunque en este caso tiene el deber de reconquistarlos a la primera oportunidad favorable.

De esta teoría de la soberanía hemos sacado dos conclusiones, que además son completamente contradictorias. La primera es que una población que ha dejado de estar sometida, que se posee a sí misma, no puede ser separada de una nación y anexada a otra sin su consentimiento. Por lo tanto, consultamos a los belgas cuando su territorio fue conquistado por los ejércitos de la República, a los savoisianos y a los nizales cuando fueron cedidos a Francia, como recompensa por su cooperación con la unidad italiana. Pero la segunda consecuencia, derivada de la indivisibilidad de la nación, fue negarles el derecho a separarse de ella, y esta negativa fue sancionada con penas rigurosas, como si la libertad de adquirir una nacionalidad no implicara la de abandonarla. Estados Unidos ha interpretado y aplicado de manera similar la teoría moderna de la soberanía. Las colonias inglesas habían entrado libremente en la Unión, pero cuando los Estados del Sur quisieron salir, los Estados del Norte las obligaron por la fuerza a permanecer allí. De hecho, por tanto, la libertad de las poblaciones voluntariamente unidas o anexadas se reduce al derecho a cambiar de sujeción: eran súbditos de una oligarquía representada por un monarca más o menos absoluto; se convirtieron en súbditos de una nación representada por un gobierno constitucional o republicano. Los individuos que los componen han adquirido, por otra parte, una parte de la soberanía de la nación, una trigésima octava millonésima en Francia, pero estamos de acuerdo en que la compensación es pequeña.

¿Esta participación infinitesimal en la soberanía ha sido suficiente protección para los derechos de los individuos e incluso de comunidades particulares? Hay lugar para la duda. En Francia, por ejemplo, no impidió al gobierno, más o menos correctamente delegado en el ejercicio de la soberanía, imponer un régimen uniforme en todas las regiones del dominio nacional, sin preocuparse por la diversidad de las poblaciones, esto con el pretexto de fortalecer la nacionalidad unificándola, en realidad para asegurar y facilitar el ejercicio de su poder soberano.

Los Estados que, como Rusia y Alemania, donde aún sobrevive la vieja teoría de la soberanía, al menos en sus disposiciones esenciales, no reconocen a las poblaciones a las que anexan el derecho a la autodeterminación, ni siquiera en la pequeña medida que les conceden la novedad. El gobierno ruso no consultó a los polacos cuando anexó Polonia, y el gobierno alemán no preguntó a los alsacianos y loreneses si les convenía o no abandonar la patria francesa para unirse a la patria alemana. Por otra parte, estos gobiernos del antiguo régimen encontraron ventajoso tomar prestadas sus prácticas de unificación y asimilación de las del nuevo régimen. En lugar de dejar a las poblaciones anexadas su legislación, su sistema fiscal y su lengua, se comprometieron a asimilarlas, imponiéndoles instituciones que repugnaban y una lengua que ignoraban, sin preguntarse si estos procesos despóticos y brutales no tendría, por el contrario, el efecto de exasperar la repugnancia hacia la asimilación y la unificación.

Sin embargo, este modo de ampliación de los Estados y de extensión de las nacionalidades, por ofensivo que pueda resultar para los sentimientos de las poblaciones, a quienes ordena, bajo las penas más duras, transferir su amor y su lealtad de una patria a otra, este modo del engrandecimiento, decimos, tiene no obstante su razón de ser en las necesidades del estado de guerra.

Mientras persista el estado de guerra, impone a todas las naciones la obligación de elevar al máximo su poder destructivo y productivo, so pena de sucumbir en luchas siempre posibles. Como hemos observado, el aumento de su poder sólo puede provenir de dos fuentes: 1° de un aumento interno de la población y de la riqueza; 2° una extensión del territorio, a condición, sin embargo, de que los costos de adquisición y de conservación que exige no excedan la suma de los recursos adicionales que proporciona al Estado conquistador. Por lo tanto, podemos entender que el interés mismo de su conservación determina que un Estado amplíe su dominio territorial mediante la conquista y le exige, más aún, impedir una secesión que tendría como resultado, no sólo la eliminación de un contingente de fuerzas, pero aún así, en muchos casos, volverlo en su contra. Supongamos que Polonia se separara de Rusia, ¿no podría suceder, en el caso de una guerra germano-rusa, que uniera sus fuerzas a las de Alemania? Asimismo, ¿no se convertiría la Irlanda independiente en una plaza de armas al servicio de los enemigos de Inglaterra? Existe, como vemos, una incompatibilidad manifiesta entre el estado de guerra y el ejercicio del derecho a entrar o negarse a entrar y salir de una nacionalidad. También Francia, después de proclamar solemnemente el principio de estos dos derechos, sólo concedió la práctica del primero a los belgas, a los savoisanos y a los nizales con las precauciones necesarias para asegurar el resultado, y se abstuvo de compartirlo con los árabes, los cochinchinos y malgaches. En cuanto a la práctica de la segunda, la prohibió tanto a sus antiguos súbditos como a los nuevos.

Sin embargo, esta servidumbre que el estado de guerra ha seguido imponiendo y que parecía especialmente intolerable durante la anexión de Alsacia-Lorena a Alemania ya no tendría por qué incluirse en un plan de seguro colectivo de paz. Los Estados civilizados, pequeños o grandes, al encontrarse ahora garantizados contra cualquier agresión por parte de un poder superior al del Estado más poderoso, cada una de las partes constitutivas de una nacionalidad podría disponer de sí misma, según sus afinidades o su conveniencia, sin que la nación del que se separa, pudiendo oponerse al ejercicio de su derecho de secesión, al interés de la conservación de las demás partes. La clase gobernante tal vez se resistiría al ejercicio de un derecho que amenazaría con disminuir su clientela y le impediría favorecer a los elementos étnicos más numerosos de una población compuesta de diferentes razas o variedades, a expensas de los menos numerosos, pero esta resistencia que ya no se basaría en un interés superior a la conservación del Estado, perdería su fuerza al perder su razón de ser, y la opinión pública no dejaría de hacerle justicia.

Entonces desaparecerían los conflictos internos causados por diferencias de raza, moral e idioma. Libremente constituidas, según sus afinidades naturales, compuestas de elementos homogéneos o simpáticos y sometidas a un régimen adecuado a todas sus partes, las nacionalidades adquirirían todo su poder de desarrollo material y moral. Las divisiones y los odios suscitados por los privilegios concedidos a un elemento de la población a expensas de otros, en una nación que sólo la fuerza mantiene unida, serían reemplazados por una unidad fundada en el acuerdo de voluntades y en el amor común a una patria libremente elegida.

CAPÍTULO III

LA LIBRE CONSTITUCIÓN
DE LOS GOBIERNOS
Y SUS ATRIBUTOS NATURALES

La soberanía política deriva, como hemos visto, del derecho a la propiedad. La sociedad guerrera que había fundado un *establishment* político apoderándose de un territorio y subyugando a sus pobladores era propietaria de hombres y cosas y podía utilizarlas como quisiera. Las necesidades para la conservación del Estado, bajo la presión de la competencia política y bélica, habiéndose hecho concentrar el ejercicio de la soberanía en manos de un líder hereditario, supo decir como Luis XIV: el Estado soy yo. Si concedía a sus súbditos ciertos derechos, como el derecho a trabajar, a intercambiar, a legar y ciertas garantías de propiedad y de libertad, era por su libre albedrío y siempre era el amo para quitárselos. Se reservó, en cualquier caso, un derecho ilimitado a requisar sus vidas, sus bienes y su libertad, excepto para utilizarlos sólo en la medida que lo considerara necesario para la salvación o simplemente para el bien del Estado. Este derecho ilimitado, relativo a la soberanía, ha pasado a la nación en los Estados modernos y lo delega en su gobierno. Tenía su razón de ser en el riesgo ilimitado de destrucción o desposesión al que la competencia política y bélica exponía a la sociedad propietaria de un Estado, y esta razón de ser, aunque singularmente debilitada desde que la conquista ya no implica sólo «un simple cambio de sujeción» y un daño más moral que material, subsiste y seguirá subsistiendo mientras las naciones se vean obligadas a recurrir a la fuerza para protegerse de la agresión o para hacer valer, en sus disputas, lo que consideran su derecho.

Pero supongamos que su seguridad y sus derechos dejen de verse amenazados, supongamos que el seguro colectivo venga a sustituir al seguro aislado para las naciones como lo reemplazó para los individuos, inmediatamente la situación cambia, el riesgo ilimitado que implica la guerra desaparece y con él la necesidad de conferir al gobierno responsable de garantizar la seguridad de la nación un derecho ilimitado de requisa sobre la vida, la propiedad y la libertad individuales. En este nuevo estado de cosas, las cargas y servidumbres que el servicio de seguridad nacional impone al individuo ya no tienen nada de incierto y aleatorio; podemos evaluarlos y solucionarlos porque este servicio es reducido:

1.º Participar en el aseguramiento de la comunidad civilizada contra ataques de hordas bárbaras o de Estados pertenecientes a una civilización inferior y que queden al margen del seguro colectivo. Ahora bien, la preponderancia que han adquirido las naciones civilizadas, gracias al extraordinario aumento de su poder destructivo y productivo, es tal que el riesgo que pueden correr por este motivo se ha vuelto insignificante y son necesarios cien mil hombres para preservar las fronteras de las naciones del mundo civilizado de cualquier ataque;

2.º Mantener, al servicio de la comunidad, un contingente de fuerzas suficiente para asegurar la ejecución de las sentencias de la justicia internacional, en caso de que el Estado contra el cual se ha dictado la sentencia se niegue a cumplirla y quisiera recurrir a la fuerza para hacer cumplir lo que creía que era su derecho. Pero una asociación cuyo objeto sea garantizar colectivamente la seguridad de las naciones exigiría que cada una renunciara al derecho de juzgar su propia causa y de ejecutar sus veredictos por la fuerza. Esta renuncia ya se impone a todos los miembros de la nación como condición *sine qua non* para garantizar su seguridad. La mayor parte de ellos se somete a ella: sólo los criminales y los duelistas la eluden, los primeros porque obedecen ciegamente a sus codicias o pasiones que sólo pueden satisfacer a costa de los demás, los segundos porque creen que la justicia colectiva no proporcionarles una indemnización adecuada por determinados delitos. Sin reconocerles un derecho que sería la negación del suyo propio, el poder responsable de la seguridad pública tolera generalmente su ejercicio. Se dedica, por otra parte, a la persecución incesante de criminales y asegura, de manera imperfecta, la vida y la propiedad individuales por medio de una fuerza policial relativamente pequeña. Los Estados civilizados no pueden asimilarse a los criminales, pero tal vez los instintos bélicos y alguna noción falsa del honor nacional los empujarían a comportarse como duelistas. En este caso, sería apropiado recurrir a la fuerza colectiva para recordarles su renuncia al derecho a tomar la justicia por su propia mano y obligarlos a mantener la paz. Sin embargo, el poder de la comunidad supera al de sus miembros más poderosos, este recurso pronto dejaría de ser necesario. Entonces cada uno de los Estados asociados podría destituir el contingente de fuerzas destinado a garantizar la ejecución de las sentencias de la justicia internacional, bastaría el poder moral de la opinión pública. La garantía de la seguridad exterior y de la paz interior de la comunidad civilizada requeriría sólo una contribución mínima y cada vez menor impuesta a los miembros de los Estados asociados.

Sin embargo, desde el momento en que el interés superior de la conservación de la nación dejara de exigir la atribución al gobierno de un derecho ilimitado sobre la vida, la propiedad y la libertad individuales, sería posible establecer un límite exacto e insuperable entre los derechos del gobierno y los del individuo. Este límite estaría determinado y marcado, como veremos, por la naturaleza y condiciones necesarias de la producción de servicios públicos.

¿Cuáles son estos servicios? ¿Qué los diferencia de los que el individuo demanda de la industria privada?

Los servicios que constituyen las atribuciones naturales de los gobiernos son de dos clases: generales y locales. Los primeros son responsabilidad del propio gobierno, los segundos pertenecen a las administraciones provinciales y municipales. El principal servicio que incumbe al gobierno consiste en garantizar la seguridad exterior e interior de la nación y del individuo. Lo que caracteriza a este servicio y lo diferencia de los de la industria privada es que es naturalmente colectivo. Una máquina de guerra asegura a toda la población de un país contra el peligro de una invasión extranjera, y una comisaría de policía garantiza la seguridad de todos los habitantes de un barrio, del mismo modo que un dique protege a todos los residentes contra las inundaciones de un río. Dicho esto, es justo y necesario que los consumidores de estos servicios naturalmente colectivos paguen, también colectivamente, los costes, en proporción al valor de los bienes garantizados. Si uno de ellos se negara a aportar su parte de estos costes, lo haría a expensas de los demás asegurados, cuya contribución debería incrementarse en consecuencia. Pero no hace falta decir que este carácter de colectividad sólo afecta a un pequeño número de artículos. Si bien una comisaría brinda seguridad a todos los residentes de un barrio, establecer una panadería no es suficiente para satisfacer su hambre. Esto se debe a que el pan, como otros alimentos, el vestido, etc., etc., es un artículo de consumo naturalmente individual, y la seguridad un artículo de consumo naturalmente colectivo.

Suponiendo, por tanto, que la seguridad exterior de las naciones civilizadas esté asegurada por sus fuerzas asociadas y no por sus fuerzas aisladas, las funciones naturales y esenciales de sus gobiernos se reducirán a: 1.° participar en la defensa común de la asociación y al mantenimiento de la paz entre sus miembros; 2.° velar por la garantía de la seguridad interior y otros servicios naturalmente colectivos.

Capítulo IV

LA LIBRE CONSTITUCIÓN
DE LOS GOBIERNOS
Y SUS ATRIBUTOS NATURALES
(continuación)

Cómo y bajo qué condiciones podrán los gobiernos velar por el mantenimiento de la paz internacional y la producción de la seguridad interna, esto es lo que ahora debe examinarse.

Desde el momento en que las naciones se liberan de la servidumbre que todavía les impone el estado de guerra, cuando sus partes constituyentes pueden separarse para formar nuevas agrupaciones o constituir Estados autónomos, los riesgos de revolución y de guerra civil que surgen de una unión forzada de naciones heterogéneas y los elementos incompatibles desaparecerán, y con ellos los motivos o pretextos para un llamado a la intervención extranjera. La asociación de Estados sólo tendrá que ocuparse de los desacuerdos y pleitos que puedan surgir entre sus miembros, para remitirlos a los tribunales establecidos *ad hoc*, que aplicarán a la solución de dichas controversias y pleitos los mismos principios de derecho que se aplican a las que ocurren entre particulares, para finalmente sancionar si es necesario por la fuerza los juicios de la justicia internacional. Esto garantizará, con la máxima eficiencia y el mínimo coste, la seguridad exterior de las naciones asociadas.

La producción de seguridad interior implica condiciones análogas que se derivan de la naturaleza de este servicio. Las resumimos de la siguiente manera en una de nuestras primeras publicaciones:

«Para poder garantizar a los consumidores la plena seguridad de sus personas y de sus bienes y, en caso de daño, distribuirles una suma proporcionada al daño sufrido, es necesario:

1.º Que el productor establezca ciertas sanciones contra los infractores de personas y los secuestradores de bienes, y que los consumidores se comprometan a someterse a estas sanciones, en caso de que ellos mismos cometan abuso contra personas y bienes;

2.º Que imponga ciertas restricciones a los consumidores, cuyo objetivo es facilitar el descubrimiento de los autores de los delitos.

3.º Que reciba regularmente, para cubrir sus costos de producción así como el beneficio natural de su industria, una cierta prima, variable según la situación de los consumidores, las ocupaciones particulares que desempeñan, la extensión, el valor y la naturaleza de sus propiedades[1].»

A lo que hay que sumar la prohibición de juzgar la propia causa y de tomar la justicia por mano propia.

Por lo tanto, la producción de seguridad interna requiere un conjunto de leyes, un «código» que especifique y defina los ataques a personas y propiedades con las penas necesarias para reprimirlos, así como otras leyes que establezcan servidumbres y cargas no menos necesarias para hacer posible esta represión.

La ejecución de estas leyes y condiciones para la producción de un servicio esencial para la preservación de cualquier sociedad aún requiere:

---

[1] *La production de la sécurité.* Journal des Économistes, n.º del 15 de febrero de 1849. Reproducido en *Questions d'économie politique et de droit public*, t. II, p. 248.

1.° La institución de justicia cuya misión principal es orde-
nar la búsqueda de los presuntos autores de delitos y crímenes
cometidos contra las personas y los bienes, determinar su
inocencia o culpabilidad y, en caso de culpabilidad, aplicarles
las penas previstas por el código; en segundo lugar, juzgar
disputas y juicios;

2.° El establecimiento de una fuerza policial encargada de
descubrir y perseguir a los autores de faltas y delitos; luego,
la ejecución de penas represivas.

Éstas son las distintas partes del órgano de producción de
seguridad interior y las condiciones de su funcionamiento.
Este organismo necesario ya existe en las sociedades más
cercanas a la animalidad, pero sabemos cuán imperfecto ha
seguido siendo, incluso entre las civilizaciones más avanzadas.
La causa de su imperfección no es difícil de descubrir: reside
en el estado de guerra y en las condiciones de existencia que
ha creado para los gobiernos productores de seguridad.

Al tener confiado el ejercicio del poder soberano de la
sociedad propietaria de un territorio conquistado y de la población que lo proporcionaba, el gobierno no debía ninguna
seguridad ni ningún otro servicio a esta población apropiada,
como tampoco un propietario de ganado se los debe a sus
bueyes o a sus ovejas. Pero existía esta diferencia entre una
población apropiada tras una conquista o la transferencia de
propiedad de un territorio por herencia, compra o intercambio,
y un rebaño de bueyes y ovejas, que podíamos temer que ella
se rebelara contra sus amos, mientras que no teníamos que
temer una rebelión del ganado. El gobierno de la sociedad
propietaria del Estado todavía podría temer que se formen
complots dentro de esta sociedad para quitarle el poder. El
cuidado de su seguridad que no separó de la del propio Estado;
por eso le ordenó que se ocupara, sobre todo, de este doble
peligro. Primero se encargó de esto poniendo bajo su control

el aparato de justicia y la policía y asignando su función principal la represión de los ataques a su dominación, el descubrimiento de las actividades de sus rivales y la vigilancia de las acciones e incluso de las palabras de los descontentos; luego, prohibiendo la formación sin su autorización de cualquier grupo de fuerzas que pudiera haberse convertido en foco de resistencia o revuelta, sometiendo a su control las asociaciones que autorizó, limitando su duración y reservándose siempre el derecho de disolverse. Sin embargo, si su seguridad era su primera y más constante preocupación, también le importaba garantizar en cierta medida la vida y la propiedad individuales, porque la falta de esta garantía impedía cualquier desarrollo de las industrias de las que el Estado obtenía sus ingresos. Pero esto era, especialmente para los gobiernos cuya existencia era precaria, un objetivo secundario. Lo que atestiguaría esto, si fuera necesario, es que las penas establecidas para garantizar la seguridad de los detentadores y agentes del poder soberano eran mucho más rigurosas que aquellas cuyo objetivo era simplemente garantizar la vida y los bienes de los súbditos.

Cuando las naciones dejaran de ser propias de una sociedad o de una casa soberana, se podría creer que este estado de cosas cambiaría completamente. El gobierno que la nación, ya en posesión de sí misma, estableció o aceptó le debía los servicios para los cuales le impuso las cargas y servidumbres necesarias; debe también dedicarse a mejorarlos y reducir sus costos. Pero a medida que el estado de guerra siguió persistiendo, la seguridad de la nación también siguió prevaleciendo sobre la del individuo y, en lugar de disminuir de precio, se hizo cada vez más cara a medida que aumentaba el poder productivo y destructivo de las naciones entre las cuales podría estallar conflictos todos los días. Por otro lado, bajo el nuevo régimen, incluso más que bajo el antiguo, la ahora precaria posesión del poder es objeto de una competencia ardiente y sin escrúpulos sobre la elección de los medios para lograrlo. Por lo tanto, el gobierno debe buscar protegerse a sí mismo antes de ocuparse de la protección de los gobernados. Finalmente, los partidos que se limitan a utilizar medios legales para tomar el poder o conservarlo están obligados a aumentar constantemente lo que se podría llamar el fondo de salarios políticos, es decir, el número de puestos de trabajo y, por tanto, de las atribuciones del Estado. Los gobiernos modernos, constantemente preocupados por garantizar la seguridad nacional, más preocupados aún por garantizar la suya propia, encargados de funciones múltiples y dispares, son cada vez menos capaces de hacer frente a su tarea, y esto explica la grave imperfección del servicio que hoy es en realidad el más importante de todos: la protección de la vida y la propiedad individuales.

Pero supongamos que al estado de guerra sucede el estado de paz, que la seguridad exterior de las naciones está garantizada por su asociación colectiva y que, en consecuencia, pueden constituirse libremente, que los gobiernos quedan reducidos a sus atribuciones naturales, como veremos, bajo el impulso de competencia, en la producción de este servicio esencial, progreso que hoy parecería quimérico.

En esta nueva situación, surgirá una primera cuestión: saber si es más ventajoso para una nación encargarse ella misma de la producción de la seguridad que necesita o confiarle a una «casa» o una empresa que posea los conocimientos técnicos, recursos y capacidad necesarios para este tipo de industria. Habiendo demostrado suficientemente la experiencia la inferioridad económica de la producción llamada controlada, podemos predecir que la nación contratará preferentemente, a través de delegados o de otro modo, con la casa o empresa que le ofrezca las condiciones más ventajosas y las garantías más seguras para el suministro de este artículo de consumo naturalmente colectivo.

Estas condiciones sólo diferirán, al menos teóricamente, de las del actual régimen de producción de seguridad en un punto, pero en un punto esencial: la obligación impuesta al asegurador de pagar a los asegurados, víctimas de atentados contra la vida o la propiedad, una indemnización proporcional al daño causado, salvo que se recurra a los autores de estos atentados. Aun así, esta condición no sería del todo nueva. En el estado actual de la legislación se reconoce el derecho a indemnización a las víctimas de saqueos. Los gobiernos de los Estados civilizados exigen, en virtud del mismo principio, una indemnización en caso de asesinato o abuso menor cometido contra uno de sus súbditos en un país perteneciente a una raza inferior o reputado como tal, absteniéndose de concederla a ellos. Apreciaremos toda la importancia de esta condición si consideramos que interesará a los gobiernos más que a cualquier otro perfeccionar sus aparatos para investigar y reprimir los ataques a la vida y la propiedad individuales.

En cuanto a las condiciones relativas al precio de la seguridad y a las servidumbres que ésta exige, serán diferentes de un país a otro, según el grado de moralidad y de civilización de la población, nuevamente dependiendo de las mayores o menores dificultades de represión. En lo que respecta a la sentencia de faltas y delitos, el asegurador y la comunidad asegurada también estarán interesados en que emane de una justicia ilustrada e imparcial. Como señaló Adam Smith, la competencia ya ha resuelto este problema. No hay duda de que compañías judiciales totalmente independientes y competidoras lo resolverán de la misma manera en el futuro[2].[1]

---

[2] Los honorarios judiciales, dice Adam Smith (*La riqueza de las naciones*, libro V, capítulo i), parecen haber sido originalmente el principal ingreso de los diferentes tribunales de justicia en Inglaterra. Cada tribunal intentaba atraer hacia sí tantos casos como fuera posible, y no pidió nada mejor que tomar nota de

aquellos incluso que no caían bajo su jurisdicción. El tribunal del rey, establecido sólo para juzgar casos penales, escuchó juicios civiles, alegando la demandante que el demandado, al no hacerle justicia, había sido culpable de alguna falta o malversación de fondos. El Tribunal de Hacienda, encargado de levantar los expedientes reales y obligarlos a pagarlos, tenía también otros compromisos por las deudas, alegando el demandante que, si no cobraba, no podía pagar al rey. Con estas ficciones, muchas veces dependía de que las partes fueran juzgadas por el tribunal que querían, y cada tribunal se esforzaba por atraer a la mayor cantidad posible de causas a las suyas, por la diligencia e imparcialidad que demostró en la expedición de los juicios. La admirable constitución actual de los tribunales de justicia en Inglaterra fue quizás originalmente, en gran parte, el fruto de esta emulación que animó a estos diferentes jueces, cada uno de los cuales se esforzaba a voluntad por aplicar, a todo tipo de injusticias, el remedio más rápido y eficaz disponible según la ley.

Capítulo V

LA LIBRE CONSTITUCIÓN DE LOS GOBIERNOS Y SUS ATRIBUTOS NATURALES
(continuación)

En posesión de un poder ilimitado sobre la persona y la propiedad de sus súbditos, los gobiernos del antiguo régimen se vieron naturalmente tentados a abusar de este poder. Abusaron de él para satisfacer su interés inmediato y el de la sociedad política y guerrera de la que eran representantes. Pero si estos dos intereses los impulsaron a aumentar las cargas y servidumbres de la multitud sometida, no los empujaron a apoderarse de las industrias de las que obtenían sus medios de existencia y los suyos. Esto se debió principalmente al hecho de que la oligarquía propietaria del Estado comúnmente limitaba su salida a funciones gubernamentales, militares y civiles. No tenía, por tanto, ningún interés en apoderarse de industrias consideradas inferiores y que, de hecho, lo eran en este período de la existencia de la humanidad. Sólo presionó al gobierno para persuadirlo a ampliar, mediante la conquista de nuevos territorios y nuevos súbditos, la salida que era suya. Por lo tanto, los gobiernos del antiguo régimen rara vez invadieron el dominio de la actividad privada. Si se reservaban la producción de ciertos artículos, como moneda, sal, tabaco, era únicamente para fines fiscales; una vez más, estos monopolios no fueron ejercidos por ellos mismos; los arrendaban como la mayoría de los demás impuestos, y la experiencia les había demostrado que el arrendamiento era más productivo que la gestión.

Este estado de cosas ha cambiado completamente desde que la extensión de la seguridad y el progreso de la industria y el comercio que fueron su consecuencia, dieron lugar a una clase media numerosa y poderosa, que participa en el gobierno, y cuya influencia política ha llegado a ser incluso preponderante entre los ciudadanos de las naciones más avanzadas. Es principalmente de esta clase de donde se reclutan los partidos que compiten por la posesión del gobierno. Además, es un hecho evidente que en los mismos países donde la vieja oligarquía propietaria del Estado ha conservado la preponderancia, donde continúa proporcionando la gran mayoría del personal político, militar y administrativo, sus intereses han cambiado de naturaleza y se han convertido en más cercanas a las de la clase media. El progreso que ha hecho las guerras más costosas y menos productivas, y por tanto más raras, al haber reducido los beneficios que obtiene de ellas, ha tenido que buscar compensación por esta pérdida aumentando sus rentas de la tierra, su participación en las empresas industriales y su acceso a puestos de trabajo que ella antes desdeñaba. Los partidos políticos reclutados entre estas dos clases sólo pudieron conquistar el poder o conservarlo a condición de ponerse al servicio de sus intereses o de lo que creían que eran sus intereses. A los terratenientes e industriales proporcionaron protecciones y subsidios a cambio de sus votos, a todos los hijos de familias que carecían de la energía necesaria para crearse una situación, funciones públicas, civiles o militares. De ahí el peso enorme y cada vez mayor con el que el militarismo, el estatismo y el proteccionismo abruman a la multitud que soporta los costos.

Tratemos de dar una idea de lo que significa el abuso del poder ilimitado que los gobiernos poseen sobre la vida y la propiedad individuales y que ponen al servicio de las clases de las que dependen. Si consideramos los dos grandes capítulos de los presupuestos de la generalidad de los Estados civilizados, el de la guerra y el de la deuda, comprobamos, no sin sorpresa, que absorben dos tercios de los ingresos públicos. Sin duda, bajo el actual régimen de seguro aislado, cada nación debe protegerse contra el riesgo de guerra, pero ¿no es obvio que la prima que paga a este respecto excede el riesgo? Si millones de hombres están sometidos a servidumbre militar en Europa, ¿no es principalmente porque los ejércitos ofrecen una salida ventajosa a los profesionales reclutados, en su mayor parte, entre las familias influyentes de la aristocracia y la burguesía? ¿Y la mayoría de las guerras que han asolado innecesariamente al mundo durante el siglo pasado se han emprendido para satisfacer la demanda de la multitud trabajadora que les proporciona, les guste o no, la sangre y el dinero necesarios para sostenerlos? Calculemos finalmente el coste del aumento de precio de los productos y servicios que los gobiernos han sustraído al dominio de la actividad privada: correos, ferrocarriles, telégrafos, teléfonos, etc., etc., y el causado por la protección de las rentas de los terratenientes, las ganancias o dividendos de los empresarios industriales y sus patrocinadores, encontraremos que los costos totales directos e indirectos del gobierno absorben al menos la mitad del ingreso de la multitud que vive del producto de su trabajo diario. Bajo el régimen de servidumbre, trabajaba tres días a la semana para el señor; hoy trabaja igual de bien para el gobierno y sus privilegiados partidarios, ¡aunque los servicios que recibe a cambio apenas valen medio día!

Sin embargo, a medida que la competencia internacional crezca y ejerza más presión sobre todas las partes del mercado comercial, la necesidad de poner fin a este sistema de inflación se volverá más urgente. So pena de sucumbir en la lucha y desaparecer, las naciones competidoras se verán obligadas a reducir las atribuciones del Estado en lugar de aumentarlas y, en definitiva, a limitarse a confiar al gobierno la producción de servicios de seguridad naturalmente colectiva, interior y exterior.

A estos servicios que son responsabilidad del gobierno estatal se suman los que pertenecen a los subgobiernos de las provincias y municipios. Al igual que el gobierno estatal, y bajo la presión de las mismas influencias, estos subgobiernos aumentan continuamente sus atribuciones a expensas de la actividad privada, y la carga de sus presupuestos locales se suma a la del presupuesto general. En verdad, no poseen un poder ilimitado sobre la libertad y la propiedad individuales, pero los límites de su poder no están marcados, y su extensión sólo puede ser detenida, en alguna medida, por el veto del gobierno del Estado que los mantiene en una dependencia más o menos estrecha. Sin embargo, sólo aplica este veto cuando juzga que el poder local está invadiendo el suyo propio, y lo que llamamos «libertades comunitarias» no es otra cosa que la libertad que deja a los subgobiernos para regular la libertad y gravar la propiedad individual. En realidad, el dominio de los gobiernos locales es muy limitado, sólo se extiende a un pequeño número de servicios naturalmente colectivos, como el establecimiento y mantenimiento de carreteras, pavimentación, iluminación, recogida de basura, etc. (ni siquiera deberíamos incluir a la policía que más bien es responsabilidad del gobierno estatal), y estos diversos servicios locales, como los servicios generales de seguridad interior y exterior, pueden ser llevados a cabo de manera más eficiente y económica por empresas especiales que por el propio gobierno provincial o municipal[2].

---

[2] Véase *Les lois naturelles de l'économie politique,* cap. XIV. «La constitution naturelle des gouvernements. La commune. La province. L'État».

Capítulo VI

SUJECIÓN Y SOBERANÍA INDIVIDUAL

La apropiación de los más débiles por los más fuertes era, como hemos visto, una necesidad inherente al estado de guerra. Tenían que estar interesados en protegerlos en lugar de despojarlos y masacrarlos, y este interés sólo podían encontrarlo en la apropiación. Gracias a un conjunto de progresos materiales y morales y a una serie de transiciones, la persona apropiada, esclavo o siervo, se convertía en dueño de sí mismo, pero si era liberado del dominio de un amo, seguía sujeto como miembro de una sociedad, una nación, al de la potencia encargada por esta sociedad o esta nación de preservarla del riesgo de destrucción o esclavización que implica el estado de guerra y dotada, como tal, de un derecho ilimitado sobre la vida, la libertad y la propiedad de sus miembros. Esta servidumbre ilimitada, de hecho, canceló la soberanía individual. Como el individuo bien pudo haber sido declarado dueño soberano de su vida y de su propiedad, estaba a merced del poder investido de un derecho que tenía prioridad sobre el suyo propio. Por esta razón, los individuos liberados de esta servidumbre personal y que constituyeron naciones consideradas libres, consideraron desde el principio los medios de defenderse contra el abuso de este derecho, encargando

133

primero a los mandatarios el control de su ejercicio; llegaron luego al extremo de despojarlo de la oligarquía propietaria del Estado para atribuírselo a ellos mismos y conferir su ejercicio a sus representantes. Pero estas precauciones fueron en vano. El abuso ha persistido, tanto incluso en países donde el derecho ilimitado sobre la vida y la propiedad del individuo pertenece a la nación y es ejercido por sus representantes, bajo un sistema de sufragio universalizado, como en aquellos donde no ha dejado de estar concentrado en manos del jefe hereditario de la oligarquía propietaria del Estado.

El único remedio a este abuso consistiría en limitar la servidumbre que pesa sobre la soberanía individual y la anula; pero este remedio es incompatible con el estado de guerra. Mientras subsista el riesgo ilimitado que implica el estado de guerra, será necesario que la potencia responsable de la seguridad de la nación conserve un derecho ilimitado sobre la vida y los bienes de sus miembros.

Pero si el estado de paz sucede al estado de guerra, si la seguridad de las naciones civilizadas está garantizada por un poder colectivo que emana de ellas, la situación cambia inmediatamente. Al poseer este poder una preponderancia suficientemente grande, si no para eliminar el riesgo de guerra, al menos para reducirlo en proporciones tales que una pequeña prima baste para cubrir los costes de la seguridad colectiva, la servidumbre ilimitada a la que estaba sujeto el individuo deja de tener efecto y razón de ser. Se sustituye por una servidumbre limitada a la obligación de aportar una parte mínima de la prima del seguro, parte siempre reducible hasta que la extensión de la civilización la haga inútil.

La soberanía individual es, en última instancia, la base de las instituciones políticas de la sociedad futura. La soberanía ya no pertenece a una sociedad propietaria de un territorio y de una población esclava o sometida, ni a una especie de entidad ideal heredera del establishment político de su predecesora e investida, como ésta, de un derecho ilimitado sobre la vida, la libertad y la propiedad individuales. Pertenece al propio individuo. Ya no es un súbdito, es su amo, su propio soberano, y es libre de trabajar, de intercambiar los productos de su trabajo, de prestarlos, de darlos, de legarlos, etc., según le convenga. Puede utilizar las fuerzas y los materiales a su disposición como desee para satisfacer sus necesidades físicas, intelectuales y morales. Sin embargo, algunas de estas necesidades, por su particular naturaleza, no pueden satisfacerse de forma aislada, como por ejemplo la necesidad de seguridad. ¿Qué hacen los individuos, los consumidores de seguridad? Se unen y forman una comunidad lo suficientemente grande como para brindar esto de una manera económica y efectiva. Eligen agentes a quienes encargan que negocien, mediante competencia, con una empresa –una sociedad domestica– que reúna las competencias y el capital necesarios para la producción de este servicio de seguro. Como cualquier otro seguro, el de vida, libertad y propiedad individuales implica condiciones de dos tipos: condiciones de precio (pago de una prima destinada a cubrir los costos de producción del título con la adición de una ganancia), condiciones técnicas (imposición a los tomadores de seguros de servidumbres esenciales para la producción de este servicio). Estas condiciones son libremente debatidas entre los representantes de la comunidad de consumidores y los empresarios de este tipo de seguros. Cuando el acuerdo se realiza con uno de ellos, las condiciones del mercado se especifican en un contrato, celebrado por un plazo más o menos largo, a conveniencia de las partes. Lo mismo ocurre con otras necesidades naturalmente colectivas, las necesidades locales de carreteras, saneamiento, etc. La comunidad que experimenta estas necesidades se contrata, si es pequeña en número, o elige agentes que contratan en su nombre, con una empresa capaz de producir el servicio cuya necesidad ha reconocido. En estos diferentes casos, el individuo ejerce su soberanía colectivamente, ya sea a través de agentes o por sí mismo, mientras la ejerce de forma aislada para la generalidad de sus otras necesidades.

El oficio de los mandatarios se reduce a la celebración de contratos; cumplido este cargo, su mandato expira. Sin embargo, podrá ser necesario controlar la ejecución de estos contratos y modificar sus términos cuando la experiencia haya demostrado los defectos o lagunas, o incluso cuando nuevos hechos traigan algún cambio en las condiciones de existencia de la sociedad. Una delegación permanente de consumidores de servicios colectivos puede tener, por tanto, su razón de ser. Pero también puede ocurrir que el cumplimiento de las cláusulas del contrato esté suficientemente garantizado por la vigilancia de la prensa o de asociaciones libremente constituidas al efecto, y que dichas cláusulas no necesiten ser modificadas. En este caso, la representación oficial de los consumidores sería inútil y la comunidad nacional podría prescindir de ella.

Si, como parece ser el caso, la producción de cada uno de los servicios naturalmente colectivos fuera asumida por una sociedad, esta última se organizaría y se comportaría como cualquier otra sociedad industrial; tendría su junta directiva, su director responsable de ejecutar las decisiones del Consejo y asambleas generales a las que se informaría públicamente de sus operaciones.

Esto resolvería económicamente el problema de establecer e implementar servicios gubernamentales bajo un régimen de seguro de paz colectivo.

CAPÍTULO VII

EL IMPUESTO Y LA CONTRIBUCIÓN

Si queremos saber en qué se diferencia la contribución del impuesto, debemos tener presente el modo primitivo de constitución de los Estados políticos. Las asociaciones de hombres fuertes que las habían fundado estaban obligadas a defenderlas e interesadas en ampliarlas. Era, pues, necesario que pusieran a disposición de su gobierno el contingente de fuerzas y recursos necesarios para garantizar la seguridad y, en la medida de lo posible, el crecimiento del Estado. Este contingente estaba formado por hombres aptos para el combate, material de guerra y provisiones. Provenía de la generalidad de los miembros de la sociedad propietaria del Estado y era proporcional a la porción de territorio y población que había sido asignada a cada uno para compartir los frutos de la conquista y que era, en sí misma, proporcional al valor de los servicios prestados por los participantes en esta empresa. Esta era la «contribución» y se caracterizaba por una obligación recíproca o contrato sinalagmático entre la sociedad representada por su gobierno y cada uno de sus miembros: la sociedad proporcionaba a los contribuyentes los servicios de seguridad, etc., que necesitaban; los contribuyentes le proporcionaban, a cambio, los medios de producción de sus servicios. ¿Pero de dónde salió la contribución? Principalmente en impuestos. Además de los servicios personales que los copartícipes del dominio común debían en caso de guerra, proporcionaban un contingente de hombres y recursos que extraían de la población sometida de su dominio particular. Gravaron a esta población como quisieron, sin deberles nada a cambio de los productos y servicios que les exigían. Si se ocupaban de la subsistencia y el mantenimiento de sus esclavos, si protegían y ayudaban a sus siervos o a sus súbditos, era, como hemos señalado, bajo el impulso del mismo interés que aseguraba el sustento y la seguridad de sus rebaños. Pero no había relación ni proporción entre el impuesto que les cobraban en forma de *corvées* y, en un estado económico más avanzado, en forma de regalías en productos o dinero, y los servicios que les devolvían.

Así, las fuerzas y recursos que sirvieron para alimentar el gasto estatal consistieron, por un lado, en los servicios personales de los coparticipantes del dominio común; por el otro, de las regalías en trabajo, productos o dinero que imponían a sus esclavos, sus siervos o sus súbditos. De estas regalías que constituían sus ingresos, aplicaban una parte a su propia subsistencia y al gobierno de su dominio particular, y otra parte a la contribución que debían al Estado.

Pero, con el tiempo y bajo la presión de la competencia política y bélica, los esclavos, siervos o súbditos de dominios señoriales fueron emancipados; se convirtieron en propietarios de su persona y del capital mueble e inmueble que un número más o menos considerable de ellos había podido adquirir mediante su trabajo y sus ahorros. En este nuevo estado de cosas, el impuesto que sus señores les cobraban, y a cambio del cual no les debían ningún servicio, este impuesto discrecional, cuyo tipo sólo estaba moderado por el interés, por supuesto, del propietario y de la fuerza de resistencia de lo apropiado, y limitada sólo por la cantidad del producto neto, debería haber dejado espacio, por una parte, a la renta relativa a los terrenos y edificios que quedaban en propiedad del señor; por otra parte, a una contribución que tiene el mismo carácter que la que los miembros de la sociedad propietaria del Estado aportan a su gobierno, basada como ésta en un intercambio de servicios y proporcionada, también como ésta, a la participación de cada uno en el suma de bienes que el poder social, invertido en el gobierno, servía para garantizar. Pero fue diferente; en lugar de que la contribución reemplace al impuesto, fue el impuesto el que absorbió la contribución. Cuando los derechos relativos a la soberanía se concentraron en manos del jefe hereditario de la sociedad propietaria del Estado, rey o emperador, los impuestos que los señores habían establecido sobre sus súbditos pasaron, en su mayor parte, a sus manos. Tales eran los derechos sobre la venta de bienes inmuebles, los derechos de entrada y paso sobre sus dominios, los monopolios de moneda, sal, etc. Además, al mismo tiempo que les quitaba una parte de sus ingresos, el Jefe de Estado también los eximía de las obligaciones y cargas que constituían sus contribuciones a la conservación y crecimiento del dominio común. Esto no fue un retroceso menor, ya que desapareció la contribución que implicaba un intercambio de servicios, quedando únicamente el impuesto establecido por autoridad del rey como lo había sido anteriormente por el señor. En realidad, los súbditos ya habían obtenido en algunos países, en particular en Inglaterra, el derecho a consentir en la tributación, pero fue diferente en Francia y en las demás monarquías del continente, donde los antiguos compañeros del jefe de la «casa» quienes se habían convertido en soberanos quedaban así reducidos a la condición de súbditos y, como tales, sujetos a su discreción; solamente estaban exentos de algunos de los que recaudaban anteriormente, es decir, impuestos directos que gravaban a las personas, pero pagaban impuestos indirectos que gravaban las cosas.

La Revolución Francesa comenzó, como sabemos, con la abolición de este régimen: la declaración de derechos humanos establece que «todas las contribuciones se establecen para la utilidad general; debe distribuirse entre los contribuyentes en función de sus capacidades». Fue el retorno a la contribución, ahora extendida a todas las clases de la nación, y el repudio al impuesto. Pero para que este repudio pasara de la teoría a la práctica, los impuestos del antiguo régimen – impuestos a los que no correspondía ningún servicio– habrían tenido que ser abolidos y reemplazados por un sistema de contribuciones, cada una de ellas vinculada a un servicio. Los revolucionarios realizaron, sin dificultad, la primera parte de esta obra de reforma, pero quedaron impotentes para llevar a cabo la segunda, se contentaron con pedir papel moneda y la confiscación de las propiedades de la nobleza y del clero para los recursos que necesitaron para cubrir los gastos públicos, agravados por la guerra. Cuando estos recursos temporales se agotaron, fue necesario obtener recursos permanentes. Pero la persistencia del estado de guerra y, con ello, la necesidad de cubrir gastos incluso superiores a los del antiguo régimen y, por su naturaleza, ilimitados o, mejor dicho, sólo limitados por las posibilidades fiscales, un sistema de las contribuciones pagadas directamente por cada miembro de la nación, vinculadas a cada servicio, y cuyo peso también cada uno podría haber medido y apreciado su utilidad, se volvieron inaplicables. Por tanto, nos vimos obligados a restablecer, si no desde cero, al menos con simples modificaciones que no siempre eran mejoras, los antiguos impuestos. Si se pudieron soportar más fácilmente que antes, no es gracias a una reducción de los impuestos (por el contrario, se vio agravada por el aumento progresivo de los gastos de guerra y por la extensión del proteccionismo, que añadió a los impuestos recaudados en beneficio del Estado otros impuestos recaudados en beneficio de las clases políticamente más influyentes de la nación), sino al aumento extraordinario de la productividad de la mayoría de las industrias, incluido el progreso que ha renovado maquinaria y procesos. Incluso se podría argumentar que han seguido alejándose de la justicia contributiva en lugar de acercarse a ella. Porque, bajo la influencia del continuo aumento de los gastos de guerra, fue necesario aumentar en todas partes la proporción de impuestos indirectos que no vemos, en relación con los impuestos directos que sí vemos. Aun así, el aumento del gasto ha sido más rápido que el de los ingresos y, en la mayoría de los estados civilizados, los déficits deben compensarse recurriendo al crédito. Pero los préstamos, generalmente utilizados para gastos de guerra o preparación para la guerra, no tienen la virtud de aumentar el poder productivo de las naciones, mientras que requieren un aumento en el presupuesto de ingresos. En Francia, por ejemplo, el capítulo del servicio de la deuda acabó absorbiendo casi un tercio. Y así es como las cargas públicas se vuelven más pesadas, al mismo tiempo que se debilita la fuerza necesaria para soportarlas.

En vano los sujetos a impuestos han obtenido, al menos en los países calificados de constitucionales, el derecho a consentir, a través de sus agentes, el gasto público y los impuestos necesarios para cubrirlo, este derecho no ha puesto freno alguno a la progresión continua del gasto y de los impuestos. Lo que lo prueba, irrefutablemente, es que esta progresión no ha sido menos rápida y, a veces, incluso más en los países donde existe que en aquellos donde no existe. Y lo será mientras los gobiernos responsables de garantizar la seguridad de las naciones conserven un derecho ilimitado de requisa sobre la vida, la libertad y la propiedad del individuo.

Pero que el estado de guerra entre los pueblos civilizados llegue a su fin, que la seguridad de las naciones esté garantizada por un seguro colectivo, que los costes de este seguro se reduzcan para el individuo a una tasa que se ha vuelto casi infinitesimal del riesgo, que si la prima necesaria para cubrir este riesgo deja de ser aleatoria y puede fijarse como la de cualquier otro seguro, este derecho ilimitado, basado en un riesgo ilimitado, perderá su razón de ser.

Así, a los impuestos resultantes de este derecho, poseídos primero por el amo sobre sus esclavos, por el señor sobre sus súbditos, finalmente por la nación sobre sus miembros y ejercidos, hoy en día, por partes inmediatamente interesadas en el aumento progresivo del gasto estatal, los impuestos sin relación con los servicios que están acostumbrados a pagar y que tienen como límites únicamente las facultades de los sujetos pasivos, sucederán las contribuciones adscritas a cada uno de los servicios naturalmente colectivos, fijadas por contratos celebrados entre la comunidad y las casas o empresas productoras de estos servicios. y que la competencia se reducirá al tipo más bajo. Si bien hoy los impuestos absorben una parte cada vez mayor del ingreso del individuo, la contribución sólo requerirá una parte mínima, que disminuirá a medida que la seguridad se expanda y pueda producirse más barato.

Capítulo VIII

LA PRODUCCIÓN DE ARTÍCULOS DE CONSUMO NATURALMENTE INDIVIDUAL

En este nuevo orden de cosas, la comunidad nacional, libremente constituida, contrata con una casa o una empresa el aseguramiento de su seguridad exterior e interior; las autoridades provinciales y municipales celebran contratos similares para los servicios locales, que son naturalmente colectivos. Las contribuciones especiales estipuladas en estos contratos se cobran directamente de los miembros de estas diferentes comunidades, a quienes no se les imponen más inconvenientes y servidumbres que las necesarias para la producción de los servicios.

Por otra parte, el individuo sigue siendo enteramente libre de producir directamente por sí mismo o de obtener mediante el intercambio los productos y servicios, con diferencia los más numerosos, cuyo consumo es naturalmente individual. ¿Es necesario recordar que la producción directa desaparece a medida que el progreso hace más económica en comparación la producción dividida y especializada, que ésta se constituya naturalmente en forma de sociedades, que las empresas se multiplican y se desarrollan por la amplitud de sus mercados, que compiten entre sí y, cuando ningún obstáculo natural o artificial se les opone, que esta competencia presiona a cada una y la obliga a reducir continuamente sus costes de producción? En un régimen en el que el impuesto será sustituido por la contribución, los obstáculos artificiales que entraña la recaudación de impuestos, ya sea en beneficio del Estado, de las provincias y de los municipios, o en beneficio de particulares privilegiados (aranceles proteccionistas), estos obstáculos, no menos dañinos que los propios impuestos, desaparecerán. En cuanto a los obstáculos naturales, la ampliación de la seguridad, la multiplicación y mejora de los medios de comunicación de todo tipo han comenzado a eliminarlos. De todas las revoluciones que tuvieron lugar en el siglo XIX, la más importante y de resultados más fructíferos fue la que amplió los mercados cambiarios y, por tanto, amplió el área de competencia. Suponiendo que nada pueda detener este progreso, que en todos los sectores de la actividad humana la competencia pueda desarrollarse sin obstáculos y adquirir su máxima intensidad y presión útiles, las empresas deberán, so pena de ruina, reducir al mínimo sus costes de producción, estableciéndose en consecuencia y operar de la manera más consistente con la ley de economía de fuerzas. No sólo deben emplear la maquinaria más avanzada y el personal más capaz, sino que también deben construirse en la forma más económica y adecuada a su destino.

En el estado actual de las cosas, encuentran en estos distintos puntos obstáculos que obstaculizan o retrasan su progreso, en perjuicio de los consumidores de sus productos o servicios.

En mercados naturalmente limitados por la ausencia o la imperfección de los medios de comunicación y la insuficiente extensión de la seguridad, las empresas de producción se vieron, desde el principio, paradas tanto en su multiplicación como en su desarrollo. Las fuerzas y los recursos de una familia, a veces incluso de un individuo, eran suficientes para establecer y gestionar una empresa. Esta empresa, o esta casa, como se la llamó cuando adquirió cierta importancia, estaba dirigida por un empresario con el capital necesario, ya fuera de su propiedad o de un préstamo a cambio de una posible participación en las ganancias o de un interés fijo, y reclutar trabajadores auxiliares, comúnmente remunerados por una parte fija, adelantada y asegurada, llamada salario. La empresa triunfó o fracasó, la empresa subsistió o desapareció según se constituyera y gobernara de manera más o menos conforme a la ley de la economía de fuerzas, y en esto no se diferenciaba de las empresas y las casas políticas. Este modo de organizar la industria ha seguido siendo predominante hasta hoy. Pero la ampliación de los mercados y los consiguientes progresos en materia de maquinaria la han hecho insuficiente en las industrias más avanzadas y está destinada, si no a desaparecer, al menos a ocupar sólo un lugar completamente secundario y cada vez más reducido en el gran organismo de producción. Las «Casas» ya han comenzado a ser sustituidas por las «Sociedades» o «Empresas», y veremos más adelante por qué esta nueva forma de negocio debe acabar sustituyendo a la antigua.

Habría prevalecido antes si la constitución de grandes aglomeraciones de fuerzas y recursos no se hubiera considerado, con razón o sin ella, peligrosa para la seguridad de los establishments políticos bajo el régimen de un estado de guerra. Era una máxima de gobierno que no se podía permitir que se formara un estado dentro de otro estado. Esta máxima finalmente cayó en desuso, pero la intervención gubernamental en cuestiones de asociación siguió existiendo. En ninguna parte se ejerce plenamente el derecho de los individuos a formar asociaciones y organizarlas según su conveniencia. En todas partes, las «leyes sobre asociaciones» regulan y limitan la libertad individual en esta materia. Además, otras leyes, de carácter proteccionista y fiscal, protegen a las empresas individuales, las «casas», frente a las «sociedades», gravando los ingresos recibidos en forma de dividendos, dejando indemnes a los que se reciben en forma de beneficios.

Esta intervención regulatoria y proteccionista de los gobiernos en materia de asociación resultó inicialmente en obstruir la formación de empresas para negocios más allá de las fortalezas y recursos de un individuo o incluso de una empresa. A falta de estas sociedades que impidieron nacer, mediante las restricciones y condiciones onerosas que les impusieron, los gobiernos, tanto nacionales como municipales, no dejaron de hacerse con servicios fuera de sus atributos naturales, en doble perjuicio de productores y consumidores. Luego, esta misma intervención tuvo como resultado retrasar, si no impedir, la transformación de las casas en sociedades, tanto por el impuesto protector de las primeras como por el obstáculo que la regulación de los estatutos constitutivos de las segundas oponía al progreso de su organización. Como hemos señalado en otro lugar, esta organización sigue siendo muy imperfecta y su imperfección a veces supera las ventajas que la sociedad presenta a la casa. Si la constitución de las empresas fuera libre como la de las empresas individuales, la competencia podría haber actuado para perfeccionarla y la superioridad económica de esta forma de empresa ya se habría hecho manifiesta.

Pero cuando, por un lado, las salidas a la producción dejen de estar limitadas por el obstáculo artificial de las aduanas, sumándose al obstáculo natural de las distancias para compensar su disminución, cuando, por otro lado, la constitución y organización de las empresas se haga totalmente libre, la empresa pasará a ser la forma predominante y podremos añadir las empresas necesarias en la generalidad de las ramas de producción.

Será la forma predominante porque, en virtud de su propia naturaleza, puede reunir, con menos gastos que la casa, el capital esencial para la producción. Será la forma necesaria porque permitirá, en un mercado que se ha vuelto ilimitado, la solución al problema del equilibrio entre producción y consumo[1].

---

[1] Véase las *Notions fondamentales d'économie politique*, 2da parte cap. III. «Le progrès de la constitution des entreprises».

Capítulo IX

EL EQUILIBRIO DE LA PRODUCCIÓN Y EL CONSUMO

Los artículos de consumo naturalmente individual pueden ser producidos directamente por el mismo individuo que siente la necesidad, o indirectamente, cuando el individuo produce un artículo que cambia por el que necesita. Es este último modo de producción el que tiende a generalizarse cada día más bajo el impulso de la ley de la economía de fuerzas. Cada uno de los artículos de consumo es objeto de una o más industrias particulares, y estas industrias se reparten entre un número más o menos considerable de empresas, que ofrecen, en competencia, sus productos o servicios a quienes sienten la necesidad, que los solicitan, ofreciendo a cambio, si no los productos o servicios de las empresas con las que cooperan con su capital o su trabajo, al menos un equivalente, la moneda, que se intercambia por la generalidad de productos y servicios.

A medida que el progreso posibilitado por la sustitución de la producción indirecta por la producción directa reduce la suma de fuerzas y de tiempo necesarios para crear un producto, el hombre puede satisfacer un mayor número de necesidades, y de forma más completa. Después de haber satisfecho las necesidades básicas que le son comunes a la animalidad inferior, puede satisfacer las que le separan de ella. Pero si la producción indirecta ha permitido así al hombre ascender a la civilización, ha planteado un doble problema cuya solución es importante para su bienestar y para su existencia misma: el de la adaptación de la producción al consumo y la distribución de los productos entre cooperantes de producción.

La primera parte de este problema también surge bajo el régimen de producción directa, pero la solución es relativamente fácil. ¿Por qué el hombre produce? Se produce para satisfacer un conjunto de necesidades de diversa índole, la necesidad de alimentación, vestido, vivienda, necesidades intelectuales y morales. Estas necesidades compiten entre sí para exigir satisfacción. Como en toda competición, ganan los más fuertes, los que proporcionan el disfrute más intenso o los que ahorran el mayor dolor. Es para su satisfacción que el individuo provee primero, y si no ha requerido toda la suma de fuerzas productivas y de tiempo de que dispone, entonces provee a los demás, en el orden de su intensidad, manifestada por el grado de vivacidad de su petición. Sin embargo, si es inteligente y providente, no cede pasivamente al impulso de sus necesidades. Los gobierna y mide a cada uno la parte que juzga útil; regula su consumo y adapta su producción a él. Sin duda podría equivocarse en estas dos operaciones. Si obedece ciegamente sus necesidades actuales sin preocuparse por las necesidades futuras, puede exponerse a sufrimientos futuros mucho mayores que sus goces actuales. También puede cometer un error al regular su producción, o incluso no poder predecir la cantidad de productos que obtendrá a cambio de una determinada cantidad de trabajo y tiempo. Si esta cantidad es mayor o menor que sus previsiones y cálculos, el excedente o déficit modifica la relación del producto con la necesidad que se pretende satisfacer. En el primer caso, el poder de satisfacción disminuye por la progresiva disminución de la intensidad de la necesidad y su desaparición definitiva, mientras que en el segundo caso, la intensidad de la necesidad aumenta por la insuficiencia del producto para satisfacerla. Esta reducción o aumento del poder de satisfacción o, para usar la expresión económica, de la utilidad del producto no es sólo proporcional a las cantidades producidas y ofrecidas según las necesidades; es progresivo –la demanda se desacelera mientras la oferta se acelera, o viceversa– y determina, en el primer caso, la reducción de la producción; en el segundo, su aumento, hasta restablecer el equilibrio entre la oferta del producto y la demanda de la necesidad.

Pero bajo el régimen de producción directa, el individuo conoce sus necesidades; conoce también las cantidades que considera necesarias para su satisfacción y, por lo tanto, puede regular sin dificultad su producción en consecuencia. Esta útil regulación puede parecer al principio imposible bajo el régimen de producción indirecta. Se produce, sin embargo, con maravillosa precisión mediante la acción reguladora de la competencia, cuando no se ve obstaculizada por obstáculos naturales o artificiales. ¿Cómo actúa ella?

Bajo este régimen, el individuo ya no se compromete a satisfacer todas sus necesidades. Se compromete individualmente o mediante cooperación a la producción de un artículo que satisfaga cualquier necesidad. Este artículo es objeto de demanda por parte de quienes sienten esta necesidad y pueden proporcionar a cambio ya sea otro producto, o el equivalente canjeable por la generalidad de los productos, la moneda.

Por lo tanto, cada productor lleva sus productos a un mercado donde encuentra a quienes los necesitan y que están dispuestos a proporcionárselos a cambio (para atenernos al hecho general) con dinero, es decir, a quienes los demandan. ¿Cuál es su interés? Se trata de obtener, a cambio de una determinada cantidad de sus productos, la mayor cantidad de dinero posible y, para lograr este resultado, ofrecer sólo cantidades inferiores a las demandadas, por lo tanto, insuficientes para satisfacer plenamente la necesidad. El poder de cambio de los productos aumenta tanto más cuanto mayor es la diferencia entre las cantidades ofrecidas y las cantidades demandadas, el productor obtiene así una cantidad de dinero que supera los costes de producción, un beneficio cada vez más rentable.

Pero aquí interviene la competencia reduciendo las ganancias al ritmo necesario para determinar la creación del producto.

Tan pronto como una industria obtiene, además de sus costes de producción y de su beneficio necesario (que normalmente está incluido en los costes de producción), un excedente, una «renta», la competencia va allí, el capital y el trabajo son irresistiblemente atraídos allí, las cantidades producidas aumentan, y su poder de cambio expresado en el precio cae. No cae sólo por el aumento de las cantidades, sino también por la reducción del poder del producto para satisfacer la necesidad. Sin embargo, hay un punto por debajo del cual no puede descender, salvo de manera accidental y temporal, y es el monto de los costos de producción, incluido el beneficio necesario. Cuando cae por debajo, las fuerzas productivas involucradas en la industria buscan otros empleos más remunerativos, y si no pueden restaurarse completamente, son destruidas, las cantidades producidas disminuyen y el precio sube. Si supera el nivel de los costes de producción, se produce el movimiento contrario bajo el impulso de la competencia. Se trata de una gravitación económica que lleva constantemente el precio de todos los productos y servicios al nivel de sus costes de producción, y esto mediante un impulso cuyo poder aumenta a medida que se desvía de este nivel.

¿Cuál fue el resultado de esta operación reguladora de la competencia?

En primer lugar, el consumidor se beneficia de todos los avances realizados en la producción. Y es justo, porque este progreso no es sólo fruto de los esfuerzos realizados en el momento actual y en una industria en particular, sino también de las generaciones más lejanas y de la generalidad de las industrias. Es entonces cuando la competencia hace que reine en la producción indirecta el mismo orden que se establece en la producción directa. Cuando el productor trabaja para sí y no para otros, regula las cantidades que produce en razón de la demanda de sus necesidades, y si las gobierna en lugar de ser regido por ellas, en razón de la petición que considera útil. Si las cantidades que obtiene exceden la demanda o quedan por debajo; reduce la producción en el primer caso y la aumenta en el segundo, para proporcionar la cantidad de disfrute o ahorro de dolor que le proporciona el consumo, a la cantidad de esfuerzo y molestias que le cuesta la producción. La competencia establece el mismo orden útil en la producción indirecta. Actúa para proporcionar las cantidades producidas a las cantidades demandadas, a un nivel marcado por la cantidad de esfuerzo y molestias que ha costado la producción.

Pero la competencia sólo puede ejercer esta acción reguladora a condición de que no se vea obstaculizada por obstáculos naturales o artificiales y, lo que es no menos necesario, de que sea ilustrada.

Si consultamos la historia económica de los pueblos civilizados, vemos que la competencia se desarrolló a medida que la mano de obra se liberó de la servidumbre y se aplanaron los obstáculos que limitaban las salidas de la generalidad de las industrias. Cuando las poblaciones dedicadas al trabajo de producción fueron apropiadas en sociedades de hombres fuertes, interesados, como propietarios, en brindarles la seguridad de que eran incapaces de producir por sí mismos, los productos pertenecían al amo o señor como los propios productores. Pero cuando el amo o señor hubiera considerado ventajoso eximirse del mantenimiento de sus esclavos o siervos, concediéndoles el derecho de trabajar por cuenta propia y de intercambiar los productos de su industria, salvo que él proporcionara una parte de ella en forma de regalía, esta concesión tenía por efecto conceder a quienes la habían obtenido el derecho exclusivo a practicar la industria concesionada y a intercambiar los productos. Investidos así del monopolio de cada comercio dentro de los límites del señorío, tenían interés en unir fuerzas; formaron corporaciones: primero, para protegerse contra el abuso de las exigencias del señor, el aumento arbitrario de sus regalías y la concesión de nuevos señoríos a cambio de dinero; en segundo lugar, defender contra la competencia exterior el mercado señorial que sólo ellos tenían derecho a explotar; finalmente, regular su producción y fijar los precios de sus productos, para proporcionarles el mayor beneficio posible. Pero entonces intervino la costumbre o la ley para proteger al consumidor estableciendo un límite por encima del cual estaba prohibido subir el precio, un *maximum*. Hemos explicado por qué la costumbre o la ley podían ser efectivas en oficios e industrias donde era posible regular la producción, y por qué no podían ser efectivas en otros[1].

A este régimen le sucedió la libertad de industria y, hasta cierto punto, la de comercio. El mayor número de industrias y profesiones se han abierto libremente, sin limitación de número, a quienes posean las habilidades y recursos necesarios para ejercerlas; también se abrieron los mercados a todos los productos, salvo las prohibiciones o restricciones que quedaron sujetas a los provenientes del extranjero. En estos mercados que se habían vuelto libres, los precios se fijaban desde entonces

---

[1] ¿Cómo se resolverá la cuestión social?, cap. III. Corporaciones y esclavitud.

mediante una competencia ilimitada o, mejor dicho, liberados de los límites que le imponían, por un lado, la restricción del número de competidores y las regulaciones corporativas de producción, por otro lado, las leyes consuetudinarias o máximas.

Ésta es la situación actual, pero muchas causas actúan para impedir que la competencia despliegue plenamente su poder y perturbar su funcionamiento regulatorio.

Si los avances en seguridad y medios de comunicación han ampliado los mercados para la mayoría de los productos, las barreras aduaneras han seguido fragmentando el vasto mercado mundial. Bajo la influencia de esta fragmentación del ámbito en el que opera, la competencia ha perdido no sólo parte de su poder como propulsor del progreso, sino incluso más de su eficacia y precisión como regulador de la producción. Los sindicatos formados siguiendo el ejemplo de las corporaciones del antiguo régimen pudieron, gracias a la protección de los aranceles aduaneros, restringir la producción a voluntad y así elevar los precios por encima del nivel en el que los habría fijado la competencia[2]. Además, la movilidad de los precios y los continuos y repentinos cambios que se les realizan también perturban continuamente el funcionamiento de este regulador. A veces, el aumento de los derechos reduce repentinamente las cantidades que la industria y el comercio extranjeros importan en un mercado y eleva los precios por encima de los costos de producción al proporcionar una «renta» a los industriales protegidos hasta que el atractivo de esta renta ha sobreexcitado la producción nacional y ha determinado un aumento excesivo de las cantidades producidas, la reducción del arancel determina a veces una oferta inmediata y superabundante de productos extranjeros hasta que la degradación de los precios

---

[2] Apéndice, nota B. Uniones o fideicomisos que restringen la competencia.

ha actuado para reducir esta ingesta. Por lo tanto, la operación regulatoria de la competencia para hacer que los precios del mercado graviten hacia el nivel de los costos de producción está perpetuamente en problemas.

Se debe también a otra causa, en las ramas cuya producción el hombre aún no ha logrado regular, como las industrias agrícolas, que están sujetas a la influencia de las variaciones de temperatura y a los ataques de las epidemias. La desigualdad de cosechas resultante podría sin duda corregirse si se desarrollara más esta rama del comercio que llamamos especulación, si el excedente de un año, en lugar de llevarse al mercado y exagerar la oferta, se pudiera reservar en previsión del posible déficit de algunos de los años siguientes. Pero la imperfección de los medios de conservación y, más aún, la insuficiencia y el precio relativamente demasiado alto del capital, enrarecido por los gastos improductivos de los gobiernos, los prejuicios generalizados contra la especulación obstaculizan este desarrollo del comercio en el tiempo, como lo obstaculizan las barreras aduaneras en el espacio.

Finalmente, a estos obstáculos naturales y artificiales se suma el insuficiente conocimiento del mercado. Cuando los mercados eran pequeños y la mayoría de las veces no excedían los límites de un dominio señorial, un cantón o una provincia, era fácil conocer el alcance de la demanda, que apenas variaba, y ajustar la producción en consecuencia. Naturalmente, la dificultad de entender los mercados ha aumentado a medida que se han expandido. En realidad, se han creado y multiplicado medios de información para satisfacer esta necesidad: el volumen de las cosechas, las existencias disponibles de trigo, algodón, lana, azúcar, etc., son ya objeto de informaciones que la electricidad transporta instantáneamente a todas partes del mercado mundial. Pero, si fuera la misma para todos los productos, esta información, por exacta que supongamos que sea, no sería suficiente para alertar a los propietarios de los medios de producción sobre las industrias cuyos productos no satisfacen completamente las necesidades de consumo, ni aquellos donde hay sobreproducción. Esta indicación necesaria es la tasa media de beneficios de cada rama de la industria que es la única que puede proporcionarla, y el conocimiento de esta tasa sólo puede adquirirse mediante la constitución de empresas en forma de sociedades impersonales, obligadas, por su propia naturaleza, a realizar regularmente públicos los resultados de sus operaciones.

Hasta que se consiga la serie de avances que acabamos de esbozar, el funcionamiento de la competencia, considerada como reguladora, seguirá siendo incierto y, como veremos más adelante, esto se traducirá en perturbaciones, principalmente perjudiciales para las grandes masas, en el sector de la producción, distribución e incluso consumo de riqueza.

Sin embargo, podemos prever que estas causas de perturbación serán gradualmente eliminadas bajo un régimen de completa libertad de industria y comercio, y que la producción terminará estando, bajo este régimen, regularmente en equilibrio con el consumo, al nivel marcado por los costes necesarios para crear los productos y ponerlos a disposición de los consumidores.

CAPÍTULO X

DISTRIBUCIÓN DE PRODUCTOS. LA PARTICIPACIÓN DEL CAPITAL EN LOS RESULTADOS DE LA PRODUCCIÓN

Acabamos de ver que la competencia actúa para reducir los precios de todos los artículos necesarios para la satisfacción de las necesidades del hombre al nivel de los costos de producción; de modo que, suponiendo que la competencia no encontrara obstáculos, los consumidores pagarían sólo la suma necesaria para reconstituir los agentes y materiales de producción y ponerlos continuamente al servicio del consumo. Veamos ahora cómo se dividen los productos entre estos dos factores necesarios de producción que hemos designado con los nombres de capital y trabajo. Sabemos que los socialistas acusan al capital de quedarse con la mayor parte. Un breve análisis de la producción y de las condiciones en que se lleva a cabo ofrecerá una visión general de las causas del aumento de la participación del capital en comparación con la del trabajo, y de los avances que se lograrán bajo el impulso de la competencia para reducir esta proporción.

Toda empresa requiere la reunión de una cantidad más o menos considerable de agentes productivos; se trata de, por un lado, terrenos, edificios, herramientas, maquinaria, materias primas, adelantos para la subsistencia, por otro, personal para la dirección y ejecución de las operaciones productivas. Los primeros se incluyen bajo la denominación genérica de capital, este último bajo el de trabajo.

El capital puede llegar a una empresa ya sea en forma de una suma de dinero con la que el empresario obtiene mediante el intercambio los materiales de producción, o en forma de estos propios materiales. Pero, en el estado actual de avance de la industria, los productos de la empresa generalmente se producen en forma de dinero y todavía es en esta forma como se distribuyen entre capital y trabajo.

¿Cómo se forma el capital? Se construye a través del ahorro. En lugar de aplicar la totalidad de sus ingresos a la satisfacción de sus necesidades actuales, el hombre que planifica y ahorra en reserva acumula una parte de ellos ya sea para satisfacer sus necesidades futuras, para cubrir la educación de sus hijos, el mantenimiento de su vejez, a los diversos accidentes de la vida humana, o para aumentar sus ingresos mediante la participación directa o indirecta en cualesquiera negocios. Puede mantenerlo inactivo y disponible en previsión de sus necesidades futuras, o dedicarlo a su propia industria para aumentar el producto mediante el uso de agentes productivos adicionales, o invertirlo en otra empresa por una posible remuneración, o finalmente prestarlo a quien lo necesite para destinarlo a cualquier destino, por una tarifa fija, un interés.

¿Bajo qué condiciones aceptará renunciar a él en estos dos últimos casos? A condición de recibir una remuneración que cubra, en primer lugar, el daño que la privación de su capital pueda causarle cuando surja una u otra de las eventualidades para las que lo formó; en segundo lugar, los riesgos de la inversión, con excedente, por pequeño que sea, lo que le determina a desinvertirlo en lugar de mantenerlo inactivo.

Estos son los elementos de la necesaria remuneración del capital. Es hacia esta remuneración que la competencia gravita el precio actual del empleo directo del capital por el propio ahorrador o del empleo indirecto mediante participación o simple préstamo. Cuando el precio corriente cae por debajo de esta remuneración o de este precio necesario, el capital se retira o se ofrece en menor cantidad, ya sea porque la privación no está suficientemente compensada o el riesgo enteramente cubierto; cuando el precio actual sube por encima del precio necesario, el capital es atraído, por el contrario, su oferta aumenta, y estos dos movimientos se acelerarán tanto más cuanto mayor sea la diferencia, hasta que lo hagan desaparecer.

De esto se sigue que la participación del capital en los resultados de la producción sólo puede reducirse mediante un progreso que reduzca permanentemente el precio necesario reduciendo las privaciones y los riesgos.

Ya hemos constatado, sobre todo durante el último medio siglo, la bajada generalizada del tipo de interés y hemos atribuido este fenómeno al aumento de la producción de capital, al desarrollo progresivo del ahorro, pero si la oferta de capital ha aumentado, la demanda se ha desarrollado con un movimiento no menos rápido. La verdadera causa de esta reducción de la remuneración del capital reside en el progreso que, al poner a disposición una parte cada vez más considerable del capital prestado o empleado en participación, ha eliminado el daño de la privación y, en consecuencia, la necesaria compensación de este daño. Gracias a la posibilidad de realizar inmediatamente los llamados valores mobiliarios, han desaparecido las privaciones resultantes, en un estado menos avanzado de la industria, de la inmovilización y de la indisponibilidad más o menos prolongada del capital invertido. En verdad, el capitalista que se ha despojado de sus fondos para invertirlos en valores corre el riesgo de sufrir una pérdida de valor cuando siente la necesidad inmediata de disponer de ellos, pero también tiene la posibilidad de recibir un valor añadido y esto el azar compensa el riesgo. Lo cierto es que la masa de capital no se emplea enteramente en inversiones en valores mobiliarios, pero la proporción de estas inversiones no ha dejado de aumentar y es hacia el precio más bajo necesario que tiende a fijarse el precio actual de todos los productos y servicios bajo un régimen de competencia. Se establece así una tasa promedio entre el capital movilizado y el capital inmovilizado, y esta tasa disminuirá a medida que aumente la proporción del primero en la masa de inversiones. Descenderá hasta el punto determinado por la eliminación del elemento compensatorio de la privación, cuando toda la masa se haya vuelto movilizable.

Pero si este elemento de la necesaria tasa de rendimiento del capital está en proceso de desaparecer, no ocurre lo mismo con la prima de riesgo. Este no ha sufrido ninguna disminución apreciable, incluso se podría argumentar que hoy está en proceso de aumento. Examinemos, de hecho, de dónde provienen los riesgos de invertir capital y en qué consisten.

Estos riesgos se pueden dividir en dos categorías: riesgos específicos y riesgos generales.

Los primeros dependen del carácter más o menos aleatorio de la industria y de las causas naturales o artificiales que determinan las fluctuaciones de los precios de los productos. En este sentido, existen considerables desigualdades entre las diferentes ramas de la industria. La mayoría de las industrias minerales, empezando por la minería del oro, son particularmente inciertas; y lo mismo ocurre con las industrias agrícolas cuya producción está influida por las variaciones de temperatura, pero como la tasa de ganancia es naturalmente proporcional a los riesgos de pérdida, las ganancias de todas las industrias tienden continuamente a equilibrarse, al menos cuando son de libre acceso para el capital y el trabajo.

La competencia, al avanzar siempre hacia las industrias más ventajosas, actúa para reducir las ganancias globales de cada una a un nivel común.

A estos riesgos particulares se unen los riesgos generales que afectan, en mayor o menor medida, a todas las industrias de un mismo país y, por repercusión, a las de otros: los riesgos causados por las guerras, los cambios en la base impositiva y en los tipos impositivos y en particular los aranceles aduaneros, etc., etc., se expandirán a medida que los intereses de los pueblos estén más vinculados y unidos a través de la multiplicación y extensión del comercio. Finalmente, todas las industrias están sujetas a riesgos que surgen de una constitución imperfecta y una gestión poco inteligente o viciosa de las empresas.

Estos riesgos particulares y generales pesan directamente sobre la parte del capital invertido en las empresas que asume la responsabilidad y recibe su remuneración en forma de beneficios o dividendos. Sólo afectan indirectamente, y sólo cuando la empresa quiebra, a la parte del capital que recibe su remuneración en forma de intereses y al trabajo que recibe su remuneración en forma de salario. Es el capital responsable, calificado como capital empresarial, el que soporta los riesgos de pérdida y asegura el capital auxiliar y el trabajo asalariado contra estos riesgos. Sin embargo, tanto como vale la aseguradora, también lo vale el seguro. Puede suceder, y sucede, que la empresa sufra pérdidas tales que no pueda pagar los intereses del capital prestado e incluso que este capital se pierda total o parcialmente.

A su vez, el capital de préstamo puede dividirse, en términos de su utilización, en dos categorías: los que se invierten en empresas privadas y que, algunos, están más o menos inmovilizados, otros pueden movilizarse; aquellos que se prestan a los gobiernos y que pueden movilizarse plenamente. Al igual que el capital prestado por empresas privadas, estos están asegurados por los prestatarios. Su promesa material es la porción del ingreso de las naciones que es captada por los impuestos y que puede, en caso de necesidad, alcanzar el monto del producto neto de la producción anual (suponiendo que la nación acepte soportar esta carga aplastante), y como garantía moral la probidad de los gobiernos y su exactitud en el cumplimiento de sus compromisos. La seguridad de este tipo de inversiones puede considerarse casi completa en Inglaterra, por ejemplo; el tipo de interés de la deuda pública ha caído hasta el mínimo actual del rendimiento del capital, es decir, no contiene, por así decirlo, ninguna prima de seguro. En otros Estados aumenta más o menos con esta prima.

Si la privación que constituye el primer elemento de la necesaria remuneración del capital está en vías de desaparecer gracias a la extensión progresiva de la movilización de los valores capitalizados, es, como acabamos de ver, en caso contrario del riesgo y de la prima de seguro que exige. Esta prima, en la que se incluye el beneficio necesario del asegurador, acabará constituyendo por sí sola los costes de producción del servicio de capital. Estos costos de producción disminuirán a medida que el progreso provocado por la competencia y actuar bajo su presión reducirá los riesgos particulares y generales de la industria. No es una utopía concebir un estado de cosas en el que estos riesgos se reduzcan de tal manera que los costos de producción del servicio del capital queden casi anulados, o al menos sólo comprenderá el débil interés necesario para inducir al capitalista a deshacerse de sus fondos en lugar de mantenerlos inactivos, lo que le obliga, además, a soportar los costes de su conservación.

Pero los costes de producción son sólo un punto ideal en torno al cual, impulsado por la competencia, gira el precio real y actual de un producto o servicio. Para que el precio corriente se fusione con los costes de producción, es decir, con el precio natural o necesario, la competencia debe poder actuar libremente, el capital siempre pueda transportarse sin encontrar obstáculos naturales o artificiales en las partes del vasto mercado del mundo donde son más demandados y menos ofertados; finalmente, que el conocimiento de este mercado sea lo más completo y exacto posible. En estos diversos aspectos, se han logrado avances considerables durante el último siglo, y estos avances se acelerarán aún más con la transformación de las empresas en empresas con capital movilizable. Hoy en día, los precios del mercado de valores proporcionan información a los tenedores de capital sobre el tipo de cambio de los valores en general. Si la cotización de valores extranjeros todavía se ve obstaculizada por regulaciones dictadas por el espíritu de monopolio, estas barreras no dejarán de desaparecer o perderán su eficacia a medida que los intermediarios de inversiones, los bancos, etc., se multipliquen y adquieran más libertad. No está lejano el día en que el mercado general de capitales esté plenamente iluminado y en que los obstáculos que aún oponen a la circulación de capitales la dificultad de las comunicaciones y las regulaciones proteccionistas sean eliminados. Entonces el equilibrio entre la oferta y la demanda de capital podrá operar en todas partes del mercado al nivel del precio necesario del servicio del capital, y la remuneración de este agente productivo caerá al último mínimo posible, es decir, muy cercano a cero.

Capítulo XI

DISTRIBUCIÓN DE PRODUCTOS. LA PARTICIPACIÓN DEL TRABAJO EN LOS RESULTADOS DE PRODUCCIÓN

Al igual que el capital, el trabajo tiene una remuneración necesaria hacia la cual, bajo el impulso de la competencia, gravita el precio actual de sus servicios. ¿Cuáles son los elementos de esta remuneración? Es, en primer lugar, la suma de los costes que cuesta la producción de este agente productivo, matrículas de estudiantes de formación profesional, etc., que deben ser reconstituidos para que el trabajo de las sucesivas generaciones pueda ponerse a trabajar. de manera continua, al servicio de la producción. Estos costos de preparación se suman a los costos de mantenimiento del trabajador, y ambos ascienden en mayor o menor medida según la naturaleza del trabajo. Es, en segundo lugar, el interés necesario para determinar que el individuo en posesión de un capital de fuerzas productivas ponga este capital al servicio de la producción. Pero, si este interés puede ser esencial cuando se trata de individuos que tienen recursos suficientes para vivir sin trabajar, no lo es para la multitud que sólo debe subsistir del producto de su trabajo. Sólo cuando el individuo tiene medios de subsistencia independientes de su trabajo, o al menos suficientes para

167

permitirle esperar la demanda, puede exigir intereses, además de sus costos de producción.

He aquí un fenómeno cuya importancia aún no se ha destacado suficientemente; es que el mismo progreso que reduce la remuneración necesaria del capital actúa, por el contrario, para aumentar la del trabajo.

Este efecto de la progresiva transformación de la industria se puede observar en las dos grandes categorías entre las que se divide naturalmente el trabajo aplicado a las empresas productivas: el trabajo de dirección de la jerarquía de los funcionarios y empleados de todos los órdenes, y el trabajo de ejecución de los trabajadores.

A medida que la ampliación de los mercados y el progreso de la maquinaria determinaron la expansión de las empresas, las funciones del trabajo de dirección, así como las de ejecución, requirieron una mayor participación de las facultades intelectuales y morales, mientras que la de las facultades o fuerzas físicas ha disminuido.

Dirigir una gran empresa requiere cualidades de inteligencia y carácter superiores a las suficientes para una pequeña; la responsabilidad es más amplia en todos los niveles de la jerarquía de gestión, los errores y equivocaciones cometidos provocan daños más considerables. Lo mismo ocurre con el trabajo de ejecución: la falta de atención de un maquinista o de un guardagujas puede provocar una pérdida de existencia y de material más desastrosa que la que puede resultar de la falta de habilidad de un maquinista de diligencia. En las industrias textiles, el trabajador que supervisa el funcionamiento de uno o más telares mecánicos gasta menos fuerza física que su predecesor, el hilandero o el tejedor manual, pero necesita desplegar una fuerza de mayor atención; sus facultades deben estar constantemente tendidas al funcionamiento de la profesión que tiene bajo la dirección y vigilancia, y esta tensión es proporcional a la velocidad del movimiento mecánico. Dependiendo de si el trabajador es más o menos capaz de prestar atención, el movimiento puede ralentizarse o debe acelerarse; lo que resulta en una diferencia en el costo de producción; finalmente, cualquier relajación de la supervisión conduce a una pérdida tanto mayor cuanto mayor es la potencia del telar o de la máquina[1].

Sin embargo, cuanto mayor sea la calidad del trabajo, mayores serán sus costos de producción. Generalmente atribuimos el aumento de la tasa de salarios al aumento del nivel de vida; es confundir el efecto con la causa. La tasa de salarios aumenta en los países donde la maquinaria de producción, en proceso de perfeccionamiento, requiere la cooperación de un trabajo de mayor calidad que el que era suficiente para las antiguas herramientas. De ahí el aumento gradual del nivel de la remuneración necesaria y del nivel de vida del trabajador. Cuando la evolución industrial haya alcanzado todo lo posible, cuando la maquinaria de las diferentes ramas de la producción haya alcanzado su máximo poder y economía, el nivel de vida se elevará a su punto más alto. Entonces también se reducirá la diferencia que separa a este respecto el trabajo de dirección y el trabajo de ejecución, las desigualdades que existen en la retribución necesaria del trabajo y que fueron provocadas por la preponderancia del trabajo intelectual y moral de las funciones de gestión, en comparación con el trabajo puramente físico de ejecución en el estado primitivo de la industria, estas desigualdades se harán cada vez más débiles y las recompensas tenderán, al menos hasta cierto punto, a igualarse.

Pero los costos de producción, incluidos los intereses o beneficios necesarios, son sólo un punto ideal hacia el cual

---

[1] Vea nuestro *Curso de Economía Política*, Décima Lección: La participación del trabajo.

gravita, bajo el impulso de la competencia, el precio actual y real del trabajo como de cualquier otra mercancía. Sin embargo, hay una circunstancia que comúnmente vicia el funcionamiento de la competencia en la regulación del precio del trabajo y que no se encuentra o, mejor dicho, se encuentra con menos frecuencia en la regulación de los precios de otras mercancías: es la desigualdad. de situación y de recursos que existe entre el empresario y el trabajador, entre el comprador y el vendedor de trabajo. Salvo casos excepcionales, el trabajador, en el momento en que se convirtió en propietario de su trabajo, disponía, en menor medida que el empresario, de espacio y tiempo. No podía esperar por el salario mientras el contratista podía esperar por el trabajo; además, por falta de recursos e información, sin mencionar los demás obstáculos que se interponían en su movimiento, se vio obligado a pedir el salario en un mercado más limitado que aquel en el que el empresario podía ofrecerlo. Esta desigualdad de situación fue mantenido y reforzado por leyes que prohibían a los trabajadores asociarse para remediarlo. Como resultado de ello, los empresarios podían, con demasiada frecuencia, aumentar, a su discreción, la duración del trabajo y reducir el salario incluso por debajo del nivel necesario. Si este estado de cosas hubiera continuado, habría resultado en el debilitamiento sucesivo de las facultades productivas de los trabajadores y finalmente en su extinción, y por tanto en la ruina de los propios empresarios. Pero se han producido avances que actúan hoy para eliminar esta desigualdad en la disposición del espacio y del tiempo y para hacer posible la concordancia del precio actual del trabajo con el precio necesario.

¿Cómo procedieron los trabajadores para establecer la igualdad en el debate salarial? Unieron fuerzas y formaron un fondo común de resistencia que les dio los medios para esperar, es decir, para ganar tiempo. Es fácil ver la eficacia de esta práctica, a pesar del abuso que se ha hecho de ella. ¿Cuál es el efecto de la desigual disponibilidad de tiempo entre el empresario y el trabajador? Es distribuir la oferta del trabajador en un espacio de tiempo menor que la demanda del empresario, por tanto, aumentar la cantidad de trabajo ofertado respecto de la cantidad demandada, por toda la diferencia entre los dos espacios de tiempo. Al unirse y formar fondos de resistencia, los trabajadores reducen esta diferencia e incluso terminan, cuando sus fondos están suficientemente llenos, por eliminarla. Entonces, la desigualdad del tiempo disponible deja de influir, en detrimento del trabajador, en el salario. En esta situación, el precio actual del trabajo sólo depende de las cantidades realmente presentes: número de trabajadores, por un lado, número de puestos de trabajo, por otro. Si hay más trabajadores que puestos de trabajo, los salarios caen, por más que se intente impedirlo; en caso contrario, aumenta, y el aumento o disminución persiste con la desigualdad de cantidades. Pero inmediatamente interviene la operación reguladora de la competencia para hacer desaparecer esta desigualdad. Cuando los puestos de trabajo disponibles son más numerosos que los trabajadores, el precio actual del trabajo aumenta y, bajo el impulso de la ley del valor, este aumento se produce en proporción geométrica; por tanto, atrae competencia; por el contrario, lo hace retroceder cuando el número de trabajadores supera los puestos de trabajo disponibles. Sin embargo, estos movimientos que actúan para llevar constantemente el precio actual de la mano de obra al nivel de precios necesario requieren espacio libre. Sin embargo, en el estado actual de las cosas, los obstáculos al funcionamiento regulador de la competencia, en materia de trabajo, son incluso más numerosos que los que obstaculizan la regulación útil de los precios de los productos y de los capitales: obstáculos naturales de las distancias, de la hostilidad racial; obstáculos artificiales de protecciones y prohibiciones inspiradas en el espíritu de monopolio, finalmente conocimiento insuficiente de los mercados[2].[1]Pero la competencia misma actúa para superar estos obstáculos generando un progreso que pone espacio y tiempo a disposición del trabajo, en igual medida que el capital, y asegura así su participación justa en los resultados de la producción.

Al considerar la operación propulsora y reguladora de la competencia en la producción y distribución de la riqueza, ahora podemos hacernos una idea de la organización económica de la sociedad futura bajo un régimen de paz y libertad, cuando, por un lado, la asociación de los pueblos civilizados habrán garantizado permanentemente su seguridad cuando, por otra parte, el vasto sistema de vías de comunicación, actualmente en construcción, haya extendido sus mallas cada vez más estrechas por toda la superficie del globo, cuando finalmente se eliminen los obstáculos a la libertad del trabajo, de la asociación y del intercambio en todas las ramas de la actividad humana, habrá hecho posible la organización económica de la producción sin que ésta imponga otras cargas y servidumbres que las necesarias para garantizar la libertad y la propiedad individuales, sin que se pongan obstáculos a la creación y desarrollo de los órganos necesarios para la distribución útil de los productos y su distribución entre los agentes productivos. A los mercados limitados de productos, capital y trabajo les seguirán los mercados generales:

> Mercado general de productos,
> Mercado general de capital,
> Mercado general del trabajo.

---

[2] Véase, en lo que respecta al progreso en el conocimiento del mercado, *Bolsas de Trabajo*, cap. xviii. Es necesario avanzar para ampliar y unificar los mercados laborales.

En estos tres mercados gobernados por la competencia, la producción podrá ahora equilibrarse con el consumo, la oferta con la demanda, al nivel de precios necesario.

Como hemos señalado, el progreso de la maquinaria y de los procesos industriales tiene el efecto de reducir el precio necesario de los productos y del capital, y de elevar el del trabajo. Por otra parte, reduce en cada industria la proporción del trabajo con respecto a la del capital y, cualquiera que sea el aumento de la remuneración necesaria del trabajador, el resultado es un ahorro en los costos de producción.

Sin embargo, una pregunta esencial queda por resolver: si podemos concebir que la producción y la oferta de productos y de capital puedan regularse de manera que no excedan las necesidades de consumo ni queden por debajo de ellas, ¿ocurre lo mismo con las de trabajo? En otras palabras, ¿será alguna vez posible adaptar la producción de los trabajadores a las necesidades del mercado laboral? Una breve reseña de la cuestión demográfica nos edificará a este respecto.

Capítulo XII

LA CUESTIÓN DE LA POBLACIÓN

Que la población está limitada por sus medios de subsistencia es una verdad observable que puede considerarse una simple perogrullada. Pero ¿qué son los medios de vida? Consisten, en primer lugar, en el número de puestos de trabajo que proporcionan, de una forma u otra, salarios, beneficios, intereses, alquileres, salarios, la renta de todos los miembros de la población; en segundo lugar, en la suma anual que ésta puede utilizar para el manutención o manutención complementaria de aquellos de sus miembros que no tienen ingresos o para quienes sus ingresos no son suficientes para vivir, y que dependen, en todo o en parte, de la carga de caridad pública o privada.

Cuando la población excede los medios de subsistencia provenientes de estas dos fuentes –empleo y caridad– el excedente está inevitablemente condenado a perecer y, como observó Malthus, la naturaleza no tarda mucho en ejecutar esta orden. Pero es tal la violencia del apetito sexual que, incluso si no estuviera contenido y regulado, actuaría inevitablemente para producir este exceso. Es por tanto necesario que la multitud de individuos que componen una población regule su reproducción en función de los medios de subsistencia de los que dispone.

En las sociedades antiguas y casi hasta nuestros días, esta necesaria regulación de la reproducción tenía autoridad al menos para la gran mayoría de la población. En sociedades todavía en estado salvaje o pertenecientes a un tipo inferior de humanidad, se llevaba a cabo mediante el proceso bárbaro del infanticidio, así como el asesinato de personas mayores cuando se volvían incapaces de subsistir. En las sociedades más avanzadas, donde la masa de la población estaba sometida al régimen de esclavitud o servidumbre, la reproducción de los esclavos o siervos estaba regulada por sus amos y proporcional a los trabajos disponibles. Las regulaciones corporativas o comunales cumplían el mismo propósito en los centros de industria y comercio, donde las clases media y baja se emancipaban de la servidumbre y se gobernaban a sí mismas más o menos completamente. En el seno de las oligarquías soberanas o de las clases llamadas libres a las que pertenecía el gobierno de los Estados, el miedo a caer de rango unido a la vergüenza asociada a las malas alianzas, sin olvidar la prostitución, extendida en todos los rangos, contribuyó al mismo resultado. Estos frenos y estas desviaciones actuaron incluso con tal eficacia que la reproducción de la clase alta no siempre fue suficiente para llenar la salida que se le abría y el déficit se cubrió con una contribución de las regiones más bajas o del extranjero.

Este régimen de regulación autoritaria de las masas, de la población, ha ido desapareciendo sucesivamente de las sociedades civilizadas. La reproducción pasó a ser libre y, en todas las clases de la sociedad, el individuo fue llamado a regularla por sí mismo. ¿Qué resultó? En efecto, las clases populares, rápidamente emancipadas e incapaces de frenar sus apetitos, además en presencia de una salida que se había vuelto inestable, ya sea que se expandiera bajo la influencia del progreso de la industria, ya sea que se limitara tras el establecimiento de obstáculos artificiales de impuestos y protección, es porque las clases bajas, decimos, se multiplicaron siguiendo el impulso de su apetito sexual y, como observó Malthus, que la población presionaba por la subsistencia. El imprudente desarrollo de la caridad pública, particularmente en Inglaterra, ha contribuido aún más a esta reproducción no regulada de la clase más numerosa. De ahí un aumento anormal de la oferta de mano de obra, que puso a los trabajadores a merced de los empleadores, la degradación de los salarios, el aumento de las horas de trabajo y, como consecuencia, la excesiva mortalidad infantil y el acortamiento de la esperanza de vida en los estratos más bajos de la población. El equilibrio roto entre la población y los medios de subsistencia tendió así a restablecerse mediante la actuación de los obstáculos que Malthus designó bajo el característico nombre de «represivos». En las clases medias y altas, por el contrario, el obstáculo preventivo de la previsión, llevado incluso al exceso, y los derivados de la prostitución continuaron actuando con tal eficiencia que su población se habría extinguido a largo plazo en casi todas partes si no se hubiera renovado y revivido constantemente gracias a las contribuciones de los estratos inferiores.

Pero si estos procesos brutales y crudos tuvieron como resultado final mantener sin desviaciones demasiado significativas el equilibrio entre el número de hombres y sus medios de subsistencia, no fue sin debilitar la calidad de la población.

En las clases bajas, la disminución de la calidad se debió al aumento excesivo de la jornada laboral, la degradación de los salarios, el empleo precipitado de los niños llamados a compensar la insuficiencia de recursos de los padres, la falta de cuidados, la higiene defectuosa, finalmente, por el uso vicioso de los ingresos y, en particular, por el abuso de bebidas alcohólicas. Entre las clases superiores, el debilitamiento de la calidad ha tenido como causa principal, si no única, en los matrimonios la subordinación de las simpatías físicas y morales a la conveniencia de la situación y la fortuna; en ambos, el desarrollo de la prostitución y las enfermedades que la originan.

Ahora bien, de todos los elementos que constituyen el poder de una sociedad, los principales son los que residen en el hombre mismo. Más aún que la fertilidad del suelo y la perfección de las herramientas, el vigor físico y moral de los individuos que forman una nación los hace capaces de sostener luchas competitivas. Bajo el régimen del estado de guerra, cuando la existencia de la sociedad en posesión del Estado dependía principalmente de las cualidades guerreras de sus miembros, las instituciones y la moral acordaron asegurar la conservación de esas cualidades, prohibiendo las uniones que hubieran alterado el pureza de sangre y debilitadas las habilidades de dominación y combate; estas habilidades, una educación adecuada al estado de guerra tenía como objetivo al mismo tiempo fortalecerlas y desarrollarlas. Bajo el régimen del estado de paz que sustituirá al estado de guerra, y a medida que la competencia económica se vuelve más intensa entre las naciones que comparten y compiten por la explotación del globo, es el conjunto de cualidades físicas y morales de toda la población que se debe desarrollar. Y si la competencia, en esta nueva forma, utiliza procesos menos brutales y violentos que su predecesora, conducirá no menos, como ésta, a la decadencia y a la eliminación definitiva de las sociedades que se muestren incapaces de sostenerla. A medida que se eliminen los obstáculos que obstaculizan la expansión natural e irresistible de la competencia internacional, será más necesario considerar formas de evitar la pérdida de fuerza causada por la insuficiencia o el exceso de la cantidad de población o el debilitamiento de su calidad. La adaptación de la población a sus medios de subsistencia y el mejoramiento físico y moral del hombre parecerán entonces aún más importantes, más necesarios para la preservación y el progreso de una nación, que el aumento del poder de sus herramientas.

¿Cómo se resolverá en la sociedad futura el problema de equilibrar la producción del hombre con las salidas abiertas a su capital y a su trabajo, y este otro problema no menos esencial del mejoramiento físico y moral del hombre? Nos hemos esforzado por resaltar todo lo que permite el estado actual de la ciencia en nuestro trabajo sobre *Viricultura*.

Para concluir este capítulo, nos limitaremos a examinar una cuestión que ha sido frecuentemente debatida pero cuya ignorancia de las leyes económicas ha conducido a las soluciones más extrañas: la de la población futura de nuestro globo.

La población está limitada por sus medios de subsistencia y estos a su vez dependen y dependerán cada vez más del número de empleos disponibles en el inmenso taller de producción, porque son los empleos los que proporcionan, en las sociedades de civilización en desarrollo, los ingresos con donde se adquieren los materiales de la vida. Si queremos resolver en la medida de lo posible el problema de la futura población de nuestro planeta, debemos saber hasta qué punto puede aumentar el número de puestos de trabajo en la producción.

La solución de esta cuestión depende, en última instancia, del progreso de la industria. Sin embargo, el progreso industrial tiene dos efectos opuestos. En cada una de las ramas de la producción, actúa para sustituir la fuerza física del hombre por fuerza mecánica y, en consecuencia, para aumentar la proporción de material y disminuir la de personal. Reduce la cantidad de trabajo necesario para crear una cantidad determinada de productos o servicios, al tiempo que aumenta su calidad. Mil empleados ferroviarios, ingenieros, mecánicos, maquinistas, etc., pueden transportar una cantidad de productos que requerirían un millón de porteadores. Asimismo, mil hilanderos y tejedores mecánicos producen una cantidad de tejidos que requeriría el empleo de un número incomparablemente mayor de hilanderos y tejedores manuales. Y podemos predecir que cuando el progreso haya transformado la agricultura en la misma medida que la propia industria, la producción de una cierta cantidad de trigo, que hoy emplea a un millón de trabajadores, aradores, cosechadores, etc., no requerirá más que cien mil o incluso menos de cien mil. Suponiendo que la salida para cada rama de la producción no recibiera ningún aumento, que siguieran demandando las mismas cantidades de todo tipo de productos, el número de puestos de trabajo disponibles disminuiría cada vez que una nueva máquina o proceso redujera la proporción del trabajo humano, y sería así hasta que se completara la progresiva transformación de la industria, si es que alguna vez termina. Dicho esto, la población del globo sufriría, a medida que se multiplicara el progreso de su industria, un continuo e indefinido movimiento de decadencia.

Pero, al mismo tiempo que el progreso tiene el efecto de reducir la cantidad de trabajo necesaria para la creación de cualquier producto, disminuye el valor de este producto y, al ponerlo al alcance de un mayor número de consumidores, aumenta su salida. Este aumento es causado por el de la capacidad de consumo, y este proviene de: 1.° el aumento de la calidad del trabajo de la industria en curso, aumento que determina el aumento de la remuneración del personal, por lo tanto, el aumento de su capacidad de consumir toda clase de productos o servicios; 2.° la reducción del precio necesario que conduce a una reducción del precio actual, lo que aumenta también la capacidad de consumo de todas las demás categorías de consumidores, es decir, que aplican el ahorro que obtienen de esta manera a la adquisición del bien cuyo precio ha bajado o el de otros artículos. Cualquier progreso que aumente la productividad de una industria determina, por tanto, la creación de un exceso de productos a cambio de la misma cantidad de costes de producción, y este exceso va en parte al personal cuya remuneración aumenta y, bajo la influencia de la reducción del precio, a la generalidad de los consumidores. El aumento de la remuneración del personal de la industria en curso y de la capacidad general de consumo tiene el efecto natural de aumentar correspondientemente las salidas a la producción y, en consecuencia, el número de puestos de trabajo disponibles. Así, por un lado, el progreso actúa para reducir el número de estos puestos de trabajo en la medida en que se reduce la suma de fuerzas humanas necesarias para la producción y, por otro lado, actúa para aumentar este número en la medida del aumento de la capacidad de consumo[1]. Son estas dos medidas, una restrictiva de la población y la otra extensiva, las que quedan por comparar. ¿Cuál podría ser, en el futuro, la economía de fuerzas humanas que el progreso permitirá realizar? ¿Y cuál será el aumento en la cantidad de estas mismas fuerzas que requerirá el aumento que habrá determinado en la capacidad de consumo? Esto es lo que no podemos saber. Sólo podemos hacer conjeturas al respecto. Sabemos, en verdad, que en ciertas industrias la economía del trabajo, incluso teniendo en cuenta la cantidad necesaria para la producción de maquinaria que reemplace las fuerzas humanas, aumenta mucho, diez veces o más. Sabemos también que la capacidad de consumo de la gran mayoría de los cooperativistas de producción es bajísima; que no va más allá de la satisfacción de las primeras necesidades de la vida; incluso esta satisfacción es muy incompleta; sabemos

---

[1] Apéndice, nota C. *Los efectos del progreso industrial en las oportunidades de empleo de la población.*

que el aumento de la remuneración del trabajo y la reducción del precio de los productos, provenientes del aumento de la productividad de la industria, pueden igualmente multiplicar por diez, y aún más, la capacidad de consumo; sabemos que entre la del miserable *coolie* de la India y la del *fellah* de Egipto, y la que el progreso hace posible, el margen es enorme; que el consumo de un individuo de clase media en Inglaterra, por ejemplo, requiere diez veces, veinte veces más trabajo que el del culi o el *fellah*; que al admitir que todos los miembros de las sociedades humanas pueden satisfacer sus necesidades en la medida requerida por la necesaria reparación de las fuerzas físicas y morales empleadas en la industria, cuando ésta haya alcanzado su máximo progreso, el consumo también alcanzará su máximo. Pero, en este movimiento ascendente, ¿el aumento de fuerza humana que requerirá el progreso en la capacidad de consumo excederá la economía laboral que el progreso en la capacidad de producción permitirá lograr? Eso es lo que nos es imposible predecir. Todo lo que podemos conjeturar es que los dos fenómenos se equilibrarán entre sí y que la población futura de nuestro globo no excederá en número a la población actual si no permanece por debajo de ella; pero lo que se nos permite afirmar es que su capacidad de producción y consumo aumentará al mismo ritmo que su capacidad de progreso y, en definitiva, que la humanidad futura será tan superior a la humanidad actual como ésta puede serlo a su predecesora de tiempos prehistóricos.

Capítulo XIII

EL CONSUMO

Al describir el funcionamiento de las leyes naturales que gobiernan la producción y distribución de los materiales de la vida, hemos llegado a las siguientes conclusiones:

Esa competencia, en cooperación con la ley de la economía de fuerzas, actúa, en primer lugar, como propulsor del progreso; que obliga a todos los productores a aumentar constantemente su poder productivo, reduciendo su gasto de fuerzas o, lo que es lo mismo, creando una mayor cantidad de productos a cambio del mismo gasto, bajo pena de ser derrotados en la lucha por la vida y privados de sus medios de subsistencia;

Que la competencia actúa, en segundo lugar, con la cooperación de la ley del valor, como regulador de la producción y distribución de los materiales de la vida, determinando por un impulso idéntico al de la gravitación física, de, por un lado, equilibrar la producción y el consumo al nivel de precios necesario para fomentar la creación de los productos; por otro lado, la distribución de productos entre los agentes productivos, capital y trabajo, a un ritmo que asegure su reconstitución y su cooperación permanente en la producción.

Pero la producción y distribución de productos resulta en consumo. Creamos productos y los compartimos con vistas a consumirlos, es decir, utilizarlos para reparar y aumentar los materiales y las fuerzas físicas y morales que constituyen el ser humano. Es entre estos materiales y fuerzas donde se distribuyen los productos y servicios. Esta distribución puede ser útil o perjudicial; puede contribuir a la conservación y aumento de la vitalidad o a su deterioro. Por tanto, hay que gobernarla.

Observemos primero que existen dos tipos de consumo: el consumo colectivo y el consumo individual. La primera es, por su propia naturaleza, obligatoria, mientras que la segunda es voluntaria o gratuita.

El consumo colectivo incluye los servicios generales de seguridad externa e interna que son responsabilidad del gobierno, y los servicios locales de vialidad, alumbrado, pavimentación, etc., que pertenecen a los subgobiernos provinciales o municipales. A estos servicios cuyo consumo es obligatorio, por su carácter colectivo, los gobiernos y subgobiernos han agregado un cierto número de otros cuyo consumo es individual y gratuito. Pero ambos son remunerados, total o parcialmente, mediante impuestos obligatorios. Bajo el antiguo régimen, los impuestos se establecían, como hemos visto, en virtud del derecho de propiedad del amo sobre sus esclavos, del señor sobre sus siervos, del rey sobre sus súbditos, y la facultad discrecional que este derecho le confiere. Él fijó el número y yo califico según su gusto, excepto teniendo en cuenta la resistencia de los gravados, y no debía ningún servicio a cambio. Bajo el nuevo régimen, el impuesto es, por el contrario, de hecho y de derecho, el pago de un servicio. Pero como los gobiernos conservan el derecho ilimitado a gravar a los consumidores de seguridad, debido al riesgo ilimitado que implica el estado de guerra, y los mecanismos constitucionales y parlamentarios sólo proporcionan un freno ilusorio al abuso de este derecho, cuando no lo favorecen, la porción de la renta individual, absorbida por impuestos de todo tipo, recaudados tanto para beneficio del Estado como para el de sus protegidos, es igual, si no excede, a la que se les quitó de la autoridad bajo el antiguo régimen.

Bajo el régimen de paz asegurada y libertad de gobierno de la sociedad futura, esta proporción del consumo obligatorio ciertamente podría reducirse en nueve décimas partes o más; pero, por grande que sea la porción del ingreso que quedará disponible para el libre consumo, ésta debe ser regulada.

Bajo el antiguo régimen, el consumo de las clases esclavizadas estaba regulado por la autoridad. Las reglas impuestas por el amo, señor o jefe del Estado en su propio interés tenían por objeto la conservación y aumento útil de su rebaño de esclavos, siervos o súbditos, y eran sancionadas con penas, unas materiales, otras espirituales, estas decretadas por autoridad religiosa asociada a la autoridad secular. Como estas reglas eran, en su mayor parte, útiles para el propio individuo, este continuó observándolas cuando dejó de estar obligado a hacerlo. Sin embargo, si examinamos cómo gobierna su consumo desde que se hizo dueño de gobernarlo y se aflojó el freno religioso al que obedecía, vemos que este gobierno individual se ha deteriorado en general en lugar de mejorar y que apenas es menos defectuoso que el gobierno colectivo. Lo que lo caracteriza particularmente en la multitud, quizás demasiado pronto emancipada de la servidumbre, es la preponderancia que en el individuo ha permitido tomar la satisfacción imprevista de sus necesidades actuales en detrimento de sus necesidades futuras y de la seguridad necesaria frente a los riesgos de la existencia humana, sigue siendo la parte que abandona a sus apetitos desordenados o viciados, por falta de una capacidad de gobierno suficientemente desarrollada para frenarlos.

No hace falta resaltar las consecuencias nocivas de esta insuficiencia y de estos defectos en el autogobierno del consumo. Estas consecuencias afectan no sólo al propio individuo sino también a la sociedad de la que es miembro y, por implicación, a todos aquellos que están en relación con ella. El hombre que utiliza todos sus ingresos para satisfacer sus necesidades actuales sin preocuparse por las futuras, que no toma de sus ingresos diarios provisiones para el desempleo y los accidentes a los que está expuesto y, en particular, para el inevitable accidente de la vejez, que, además, debilita sus facultades productivas a través del libertinaje y el alcoholismo, se condena a sí mismo y a los seres de los que es responsable a una vida de sufrimiento y miseria. En vano aumenta su salario: el aumento de sus ingresos no tiene otro resultado que alimentar más los vicios que lo debilitan y lo degradan.

Estos efectos nocivos de la incapacidad de autogobierno individual alcanzan a la sociedad de la que el individuo es miembro, al reducir la capacidad productiva del personal de producción, y repercuten en todas las sociedades, al reducir la capacidad general de consumo.

Sin embargo, cabe señalar que actualmente el autogobierno de los consumidores está mejorando, incluso entre los estratos más bajos de la sociedad. Lo que prueba esto es el rápido aumento de los depósitos en las cajas de ahorros y, particularmente en Inglaterra y Estados Unidos, el extraordinario desarrollo del seguro laboral. Pero, sin embargo, en los países industriales más avanzados hay un número demasiado considerable de personas que no pueden cubrir plenamente sus gastos de subsistencia y que subsisten en parte o incluso enteramente a expensas de los que lo logran —y la mayor parte no sin dificultad— resolver este problema vital.

Porque había que pensar en aliviar el sufrimiento causado tanto por la incapacidad y los vicios del gobierno individual como por los del gobierno colectivo. A la caridad privada, que ya no era suficiente para cumplir esta tarea, desde la desaparición de la tutela obligatoria de la servidumbre, se unió la caridad pública. Hemos instituido, de diversas formas, un impuesto deficiente y un presupuesto de asistencia pública; se establecieron oficinas de caridad, se multiplicaron los hospitales y hospicios, etc., etc., pero si hemos atenuado así los efectos de la pobreza, no ha sido sin agravar su causa más activa: la imprevisión. Aunque el alivio de la caridad pública o privada es siempre insuficiente, tiene el efecto inevitable de desalentar la previsión, al sugerir a sus clientes la idea de que no necesitan confiar únicamente en sí mismos para resolver el problema de la «existencia»; que pueden recurrir a otros para llenar los déficits creados, con demasiada frecuencia, por su pereza y sus vicios; de ahí, finalmente, esta otra idea, de la que el socialismo ha hecho un artículo de su evangelio: que la sociedad les debe ayuda, que está obligada a satisfacer sus necesidades cuando ellos son incapaces de satisfacerlas por sí mismos.

Esta idea, propagada por los socialistas, de que la sociedad es responsable de la miseria y el sufrimiento del individuo, llevó al establecimiento de la llamada legislación social, que comenzó con leyes de protección y continuó con leyes de seguros. Después de haber limitado las horas de trabajo de los niños y de las mujeres empleadas en las fábricas, e incluso de los hombres maduros, los gobiernos se comprometieron a asegurar a los trabajadores contra accidentes, enfermedades y vejez, imponiendo la mayor parte de los costes de este seguro a las empresas industriales y contribuyentes. La aplicación de la tutela del Estado a seres incapaces de protegerse a sí mismos y cuyos guardianes naturales, olvidándose de sus deberes, explotan apresuradamente las fuerzas emergentes, puede sin duda justificarse, a pesar de su carácter arbitrario y de su dudosa eficacia. Pero no ocurre lo mismo con las leyes de seguros. Estas leyes tienen el inevitable defecto de imponerse a toda una categoría social, sin excluir a individuos capaces de asegurarse y de elegir un método de seguro más adecuado a su situación particular que el que les es obligatorio; imponen a la industria una carga que, al aumentar sus costes de producción y reducir así su salida, acaba recayendo sobre los asegurados; finalmente, si, como pretenden los socialistas, la sociedad está obligada a garantizar la vida y el bienestar del individuo, ¿no debería el gobierno que la representa estar investido de poder soberano sobre él? So pena de reducir rápidamente a la sociedad misma a la pobreza, ¿no debería estar autorizado a regular el consumo y la reproducción de sus asegurados, como el amo regulaba los de su rebaño de esclavos? Sería, en lugar de progreso, un retorno a la forma inicial y bárbara de servidumbre.

Sin embargo, no podemos afirmar que no habrá en la sociedad futura una categoría más o menos numerosa de individuos incapaces de gobernar útilmente su vida y regular su consumo sin perjudicarse a sí mismos y a los demás, a quienes, en una palabra, una tutela destinada a suplir la insuficiencia de sus facultades de gobierno y ayudar a su crecimiento mediante una cultura adecuada, puede ser necesario. Pero creemos haber demostrado que esta supervisión no sería en modo alguno incompatible con el régimen de libertad hacia el que avanza la humanidad[1]. Siempre se ha reconocido a los padres el derecho de tutela sobre sus hijos menores, salvo que se establezca de manera igualitaria y más o menos arbitraria una edad en la que cese la minoría de edad. Pero hay menores de todas las edades. ¿Por qué habríamos de negarles un derecho que tienen los padres sobre sus hijos y la sociedad sobre aquellos de sus miembros a quienes considera incapaces de gobernarse a sí mismos? Si se reconocen incapaces de soportar toda la responsabilidad que conlleva la libertad, ¿por qué se les

---

[1] Véase *Nociones fundamentales*, parte 3, cap. v. *Autogobierno. Tutela.*

debería prohibir someterse a un régimen adaptado al estado de insuficiencia de sus facultades de gobierno? ¿Quién mejor que ellos mismos puede apreciar el grado de responsabilidad y, por tanto, de libertad, del que son capaces?

Hemos visto en otra parte cómo se puede organizar la tutela libre de individuos incapaces, en diversos grados, de gobernarse a sí mismos[2]. Pero el progreso consistirá, no obstante, en ampliar la esfera del autogobierno individual y generalizar la libertad de consumo, así como la de producción.

---

[2] Véase *Bolsas de Trabajo*, Apéndice, p. 188; y *Las Nociones Fundamentales*, Apéndice, p. 437. *La abolición de la esclavitud africana.*

CAPÍTULO XIV

LA EXPANSIÓN DE LA CIVILIZACIÓN

El movimiento de expansión de los pueblos pertenecientes a nuestra civilización se inició durante el siglo XV y continúa hoy más activamente que nunca. La raza blanca ha sometido a su dominio la mayor parte del globo; ocupa las dos Américas y Australia; está en proceso de dividirse África entre sí y ya tiene bajo su dependencia la mayor parte de Asia. En ninguna parte las naciones entre las que se divide encuentran resistencias que no puedan superar sin grandes esfuerzos, gracias a la abrumadora superioridad de sus dispositivos de destrucción y a la abundancia de sus capitales. Se han convertido en los dueños del mundo.

Pero sus métodos de conquista y dominación no difieren significativamente de los utilizados por los bárbaros en sus invasiones del dominio de la civilización.

Fue a través de masacres y saqueos a los que siguieron, cuando el saqueo dejó de ser productivo, la ocupación permanente de los territorios conquistados y la explotación regular de las poblaciones sometidas, que procedieron los bárbaros; son los mismos procesos que implementaron los pueblos civilizados cuando, habiéndose convertido en los más fuertes, invadieron, a su vez, las partes del globo ocupadas por bárbaros y pueblos

191

atrasados. Los españoles y los portugueses dieron un ejemplo a este respecto que han imitado sus sucesores y sus emuladores, los holandeses, ingleses y franceses. Salvo algunas diferencias, el sistema colonial resultante de los descubrimientos y conquistas extraeuropeos se estableció y organizó con miras a la explotación de los países conquistados, en beneficio exclusivo de la oligarquía política y guerrera que gobernaba las metrópolis y las zonas industriales y corporaciones comerciales, a quienes concedió, a cambio de dinero, el privilegio de abastecer a las colonias e importar sus productos. Los conquistadores españoles destacaron, como sabemos, sobre todos los demás, por su codicia insaciable y su temperamento sanguinario. Comenzaron con una orgía de masacres y saqueos, y sólo cuando saquearon el oro, la plata y otras riquezas muebles de las Antillas, México y Perú procedieron a dividir y explotar las riquezas inmobiliarias, la tierra y su stock humano. Las vastas regiones sometidas a la dominación española proporcionaron una amplia y fructífera salida a miembros de la clase gobernante, funcionarios militares y civiles o concesionarios de haciendas explotadas por indios reducidos a servidumbre y, cuando estos habían sucumbido a la carga, por esclavos importados de África. Pero, aparte de un pequeño número de industriales y comerciantes privilegiados a quienes el monopolio del mercado colonial proporcionó rápidas fortunas, el resto de la nación no obtuvo ningún beneficio de las colonias que compensara los enormes costos de su conservación. Objeto de los deseos de las oligarquías gobernantes de naciones rivales, exigieron un costoso aparato de defensa y dieron lugar a continuas guerras. Estas guerras requirieron aumentos de impuestos que desalentaron la industria, aumentaron el número de personas sin trabajo y redujeron a la multitud a la ociosidad y la miseria. Si bien enriqueció temporalmente a un pequeño número de familias influyentes (temporalmente, decimos, porque no dejaron de verse envueltas más tarde en un empobrecimiento general), el sistema colonial, más que cualquier otra causa, contribuyó a la decadencia de España. Este sistema de conquista y explotación no ha tenido mejores resultados en otros lugares, al menos cuando se lo considera desde el punto de vista del interés general de las naciones. Si ha beneficiado a las oligarquías gobernantes, aristocráticas o burguesas, en Francia, en Holanda, en Inglaterra, ha sido una carga para la multitud, obligados a cubrir los costes de las guerras que su posesión provocó y a soportar el aumento artificial del precio de las mercancías coloniales, protegidas en el mercado de la metrópoli. Finalmente llegó el día en que las colonias comenzaron a sacudirse el yugo que pesaba sobre ellas. En las colonias españolas, la guerra de emancipación fue promovida por quienes buscaban empleo militar y civil y querían expulsar a los funcionarios metropolitanos para ocupar su lugar; en las colonias inglesas, los colonos, propietarios de tierras, comerciantes o artesanos, que reclamaban el derecho, que poseían sus compañeros de la metrópoli, a no ser gravados sin su consentimiento. A los costes de las guerras emprendidas para la conquista y defensa de las colonias siguieron los de las guerras provocadas por su revuelta. La Guerra de Independencia americana, para hablar sólo de ésta, duplicó la deuda de Inglaterra y creó un déficit en las finanzas de Francia que determinó la explosión prematura de la Revolución. Si hiciéramos un balance de las empresas coloniales desde finales del siglo XV hasta principios del siglo XIX, sin duda encontraríamos que los pasivos excedían significativamente a los activos. Sin duda, la ampliación de las salidas abiertas a la industria y el comercio de los pueblos colonizadores fue una causa activa del progreso, pero ¿no podrían haberse adquirido esas salidas mediante procesos menos costosos y menos bárbaros?

Después de un período de desaceleración, el movimiento de expansión de los pueblos civilizados ha recobrado nueva energía, pero los métodos que utilizan para extender su dominación no han cambiado; incluso se han vuelto más caras para las naciones conquistadoras sin ser menos destructivas para los pueblos conquistados. Mientras que, bajo el antiguo régimen, los gobiernos dejaban una parte, a veces muy importante, a las empresas privadas en el trabajo de conquista y explotación de países que permanecían fuera del dominio de la civilización, delegando sus derechos soberanos a empresas mitad políticas, mitad mercantiles, hoy en día, se reservan, salvo raras excepciones, el trabajo de conquista y administración de los países que anexan a su dominio colonial. El objetivo que dicen tener a la vista es el interés general de la industria y el comercio; pero, de hecho, obedecen al interés particular de la clase políticamente influyente, del que depende su existencia. Esta clase, que constituye el elemento activo de la masa electoral, está ávida de funciones públicas, y en su seno se recluta principalmente el personal que vive del presupuesto. A este equipo de funcionarios civiles y militares se suma el de empresarios industriales y sus patrocinadores, que buscan salidas protegidas de la competencia extranjera. Sin embargo, dado que las guerras entre pueblos civilizados se han vuelto demasiado costosas para ser frecuentes, y dado que rara vez provocan expansión territorial, las clases gobernantes se ven obligadas a buscar fuera del dominio de la civilización mercados reservados, para el exceso de sus funcionarios públicos y para los industriales que buscaban protección. Pero los beneficios de los beneficiarios de este sistema son pequeños en comparación con las cargas que impone a las naciones. Las colonias francesas, por ejemplo, cuestan a la metrópoli una suma casi igual a la cantidad de productos que exporta allí, de modo que no es exagerado decir que, de todas las empresas estatales, la colonización es la que más cuesta y aporta menos.

Aunque las colonias inglesas le costaron menos a la madre patria y generaron más ingresos, es dudoso que la cuenta de la expansión británica resultara en ganancias. Si el presupuesto de la Oficina Colonial sólo requiere una suma relativamente pequeña, ocurre lo contrario con los presupuestos de la guerra y de la marina, para los cuales la protección de las posesiones británicas y las incesantes disputas que da lugar a la política de expansión requieren un crecimiento continuo. Suponiendo que el Estado limitara su ambición a garantizar la seguridad del Reino Unido, podría reducir, de manera apreciable, el colosal aparato de destrucción cuyo peso la nación está obligada a soportar. Y no debemos olvidar que los impuestos necesarios para cubrir los costos no sólo tienen el efecto de reducir los ingresos privados en la misma medida en que aumentan los ingresos públicos, con la adición de los costos de recaudación; que elevan los costos de producción de la generalidad de las industrias y, por lo tanto, las hacen menos capaces de soportar el esfuerzo de la competencia extranjera. A medida que se desarrolle esta competencia, las cargas militares y navales cada vez mayores que requiere la política de expansión colonial aparecerán más bien como una causa de debilitamiento y decadencia de la industria británica[1].

Si finalmente examinamos esta política desde el punto de vista de los intereses de las poblaciones sometidas a su dominio por los gobiernos de las naciones civilizadas, parecerá aún más perjudicial. En ninguna parte la conquista y explotación de países ocupados por pueblos bárbaros o pertenecientes a una civilización inferior ha elevado su condición moral y material. El rasgo característico de estas conquistas es la destrucción: destrucción de poblaciones aún más por los vicios y enfermedades de los conquistadores que por sus armas,

---

[1] Apéndice, nota D. Costos y beneficios del colonialismo estatal.

destrucción de los recursos naturales por una explotación codiciosa e imprevisora que tala el árbol para obtener el fruto.

Supongamos ahora que al estado de paz que sucede al estado de guerra, la multitud dedicada al trabajo de producción adquiere una preponderancia decisiva en el mundo civilizado y pacificado y que se niega a contribuir con su sangre y su dinero a conquistas que sólo son rentables para una minoría de funcionarios civiles y militares e industriales privilegiados, que se ve obligada a hacerlo también por la necesidad de reducir al mínimo sus costes de producción, bajo la presión de una competencia universalizada, que la adquisición y explotación de países que quedan fuera del dominio de los pueblos civilizados pasan a ser asunto exclusivo de empresas libres de colonización, la expansión de la civilización, sin ser menos rápida, será más económica y más segura. En el actual sistema de conquista y explotación, bajo la dirección del Estado y a costa de los contribuyentes, el interés del gobernador de la metrópoli es el objetivo de la empresa: el interés de la población conquistada y sojuzgada está completamente subordinada y, en todas ocasiones, sacrificada a la de sus conquistadores y amos. Será diferente cuando empresas constituidas sin límite de tiempo y sin restricciones en cuanto a la contratación de su personal y al ejercicio de su industria, se comprometan, por su propia cuenta y riesgo, a desarrollar las riquezas naturales de las regiones ocupadas por poblaciones atrasadas o decadentes. Estas poblaciones estarán interesadas en desarrollar sus facultades productivas, en consecuencia, en elevar su condición material y moral, y así ampliar, sin recurrir a los procesos, a la vez costosos y bárbaros, de conquista, el dominio de la civilización[2].

---

[2] Véase nuestro folleto titulado: *La Conquista de China*. Bruselas, C. Mucquardt; Londres, William y Norgate.1856.

Capítulo XV

RESUMEN Y CONCLUSIÓN

El hombre está dotado de capacidades más numerosas que cualquiera de las otras especies que pueblan nuestro planeta; posee facultades de las que se les priva o se les proporciona en menor grado, y órganos adaptados a su ejecución. Es gracias a esta superioridad natural de sus facultades y de su organismo que pudo separarse de la animalidad y ascender a la civilización. No tenemos que preguntarnos si este ser superior fue creado desde el principio y desde cero por un poder sobrehumano o si fue el producto lentamente elaborado de una fuerza inteligente investida en la materia. Nos basta saber en qué condiciones de existencia se encontraba y conocer el motivo de su actividad. En primer lugar, las condiciones de existencia. El hombre es un compuesto de materiales y fuerzas que necesitan ser nutridos; de lo contrario, su vitalidad se marchita y eventualmente se desvanece. Es la necesidad de alimento o consumo que implica la necesidad de producción. El hombre también está sujeto a riesgos de destrucción provenientes del entorno en el que vive. Es la necesidad de seguridad lo que implica la necesidad de un seguro. Estos dos tipos de necesidades se manifiestan por el sufrimiento que provoca cualquier pérdida de vitalidad. El hombre experimenta dolor cuando los siente, placer cuando los satisface. Para satisfacerlos, está obligado a realizar dos tipos de trabajo: trabajar para producir materiales que reparen su vitalidad, trabajar para destruir los seres y las cosas que la amenazan. Ahora bien, todo trabajo, ya sea de producción o de destrucción, requiere un gasto previo de fuerzas vitales y, por tanto, sufrimiento. Dicho esto, el hombre sólo está entusiasmado por trabajar en la medida en que el resultado de su trabajo le proporcione o le asegure una suma de vitalidad mayor que la que gasta, y por tanto un disfrute o un ahorro de trabajo mayor que el sufrimiento. Este es el motivo de interés que determina la actividad del hombre como de todas las demás criaturas. Bajo el impulso de este motivo, el hombre todavía está excitado por satisfacer sus necesidades, ya sean de alimento o de seguridad, con el menor gasto, o, lo que viene a ser lo mismo, de obtener a cambio del mismo gasto la mayor cantidad de energía para satisfacer las necesidades de uno. Sin embargo, ¿este entusiasmo por reducir sus gastos o aumentar el resultado sería suficiente para determinarle a perfeccionar sus medios de producción o de destrucción? No, porque todo progreso requiere esfuerzo, un gasto adicional de fuerza vital, y por tanto, de sufrimiento; para que el hombre haga este esfuerzo, para aceptar este gasto adicional, debe estar motivado a hacerlo por una cantidad adicional de dolor o sufrimiento. Esta excitación adicional, que es la condición necesaria de todo progreso, se produce por la operación de la competencia vital. Tan pronto como los hombres se multiplicaron en una proporción que excedió la de los materiales de vitalidad que la naturaleza les ofrecía, comenzó la lucha entre ellos y las variedades o especies en competencia. Los competidores físicamente más fuertes prevalecieron y sobrevivieron, mientras que los más débiles sucumbieron. Entonces se entusiasmaron al máximo por realizar el esfuerzo adicional que exigía la invención de procesos, armas o herramientas capaces de remediar la insuficiencia de su fuerza física. Por lo tanto, es la competencia la que ha sido el motor del progreso, al hacerlo necesario, so pena de una pérdida total de vitalidad, implicar el máximo sufrimiento.

Hemos visto cómo actuó en la primera fase de la existencia de la humanidad, cómo, en la lucha de los hombres con especies más fuertes y mejor armadas, los impulsó a asociar y combinar sus fuerzas, para compensar la insuficiencia de su armamento natural con armamento artificial, recurrir a la destrucción de los competidores más débiles para evitar la escasez de subsistencia disponible y, finalmente, sustituir la destrucción y el saqueo de los más débiles por la esclavitud y la explotación regular de sus facultades productivas, abriendo así una nueva y fructífera período de progreso a través de la constitución de Estados políticos.

Fue entre las sociedades que poseían este tipo de empresas y aquellas que continuaron viviendo de la caza y el saqueo, y luego entre estas sociedades mismas, que la lucha por la vida continuó durante este período. Subsistiendo con el producto neto del trabajo de las poblaciones sometidas, producto neto que recibían total o parcialmente en forma de corvées, impuestos o regalías, las empresas estatales estaban interesadas en ampliar sus dominios para aumentar sus medios de subsistencia, y sólo podían ampliarlas a expensas de los demás. La lucha por la adquisición de los materiales de vida continuó así en su forma destructiva, y dio en este período, como en el anterior, la victoria a las sociedades que poseían la mayor suma de fuerzas, el mayor poder aplicable a la destrucción. Pero el poder de un Estado se compone de varios elementos, a saber: un gobierno capaz de conservar y aumentar las fuerzas de la sociedad, de concentrarlas y ponerlas a trabajar; de un ejército capaz de desarrollar el mayor poder destructivo; finalmente, de una población lo suficientemente trabajadora y económica para proporcionar los avances necesarios para la constitución y puesta en práctica del aparato de destrucción, avances cada vez más considerables a medida que este aparato se perfecciona, y a medida que aumenta el poder de los Estados competidores, en estos diversos aspectos.

Los Estados en los que se desarrollaron al máximo estos elementos constitutivos del poder, se impusieron en las luchas de competencia en su forma destructiva de guerra, acabaron adquiriendo una preponderancia decisiva sobre las hordas bárbaras y saqueadoras, cuyas invasiones dejaron de temer y se convirtieron en amos del mundo. Pero este resultado implicaba otro que los competidores no buscaban: el establecimiento de la seguridad de la civilización. Ahora bien, desde el momento en que la guerra dejó de producir seguridad, perdió su razón de ser; después de haber sido útil, se volvió perjudicial.

Sin embargo, para que cese el estado de guerra no basta con que la guerra deje de ser útil, es decir coherente con el interés general y permanente de la especie, debe dejar de ser rentable para las naciones que continúan haciéndolo; que, en lugar de terminar en una ganancia al conquistarlo, termine en una pérdida. ¿Es esto así?

Esta cuestión tiene dos soluciones opuestas, según se considere el interés de la clase poseedora del gobierno de las naciones o el de la multitud gobernada, es decir, de los productores o consumidores de servicios públicos. La clase gobernante está inmediatamente interesada en multiplicar los servicios que constituyen su salida, incluso si son inútiles o incluso perjudiciales, y en cobrar el precio más alto por ellos, mientras que la multitud gobernada está interesada, por el contrario, en recibir sólo aquellos que son necesarios y pagarlos lo más barato posible. Sin embargo, el estado de guerra y el poder ilimitado que implica sobre las vidas y bienes de la generalidad de los miembros de la nación permiten a la clase gobernante extender indefinidamente en su beneficio las atribuciones del Estado y con ello ampliar su mercado. Y en todos los países civilizados, el aparato de destrucción, los servicios que requiere y cuyo número aumenta a medida que aumenta el poder de los Estados en lucha, forman una parte considerable de esta salida. En tiempos de paz, este aparato de destrucción proporciona empleos particularmente honorables, seguros, si no lucrativos, a los miembros de la jerarquía militar profesional; en tiempo de guerra, les proporciona, cualquiera que sea el resultado de la lucha, un salario adicional y posibilidades de ascenso que compensan, y más allá, los riesgos relacionados con su industria. Por tanto, el estado de guerra no ha dejado de ser rentable para la clase gobernante y los directivos de la industria de destrucción. Lo es incluso más que nunca desde que la transformación de la industria, al aumentar en proporciones extraordinarias la riqueza de las naciones, ha permitido solicitar a los impuestos y al crédito las sumas cada vez más considerables que exigen las luchas entre Estados cada vez más poderosos.

Pero si bien el estado de guerra se ha vuelto más rentable para la clase de productores de servicios públicos, se ha vuelto más costoso y más dañino para la multitud de consumidores de estos servicios. En tiempos de paz, esta multitud soporta, con el peso de la paz armada, el abuso del poder ilimitado de gravar en beneficio propio y de sus partidarios que el estado de guerra confiere al poder responsable de la defensa de la nación; en tiempo de guerra, y cualquiera que sea el resultado de la lucha, sufre ahora, sin la compensación de un debilitamiento del riesgo de destrucción del mundo civilizado por el mundo bárbaro, el daño directo de un aumento de los gastos, necesariamente acompañado de una aumento de las deudas y seguido de un aumento de los impuestos, con el daño indirecto de una crisis que se agravará a medida que el comercio se multiplique en el espacio y el tiempo.

El balance del estado de guerra termina, por tanto, en beneficios para la clase gobernante y en pérdidas para la multitud gobernada. Para que la pérdida de estos últimos supere el beneficio de los primeros, basta con echar un vistazo a los presupuestos de los Estados civilizados y, en particular, al capítulo de la deuda. Pero no debemos concluir de esto que el estado de guerra está destinado a terminar pronto. Actualmente, la clase gobernante no ha dejado de concentrar en sus manos un poder mucho más considerable que el que se extiende, por así decirlo, en estado amorfo entre la multitud gobernada. Sin duda, se ha alzado muchas veces contra gobiernos que le hicieron pagar un precio excesivo por sus servicios y que lo abrumaron con servidumbres intolerables, pero cuando su esfuerzo triunfó, sólo tuvo como resultado la sustitución de una clase gobernante por otra, generalmente más numerosa, pero de calidad inferior, y esta revolución sólo tuvo y podría tener como resultado un aumento de las cargas públicas y un resurgimiento del estado de guerra[1].

Pero el estado de guerra tendrá, no obstante, un fin inevitable. Al aumentar mediante una progresión continua, y podríamos decir automática, los responsables de la multitud gobernada, se acabará secando la fuente de la que se nutren los ingresos de la clase gobernante. Entonces las mismas influencias que mantienen artificialmente el estado de guerra desde que ha perdido su razón de existir, actuarán para ponerle fin, y se abrirá un nuevo y mejor período, un período de paz y libertad, en la existencia de la humanidad. A la organización política y económica adaptada al estado de guerra seguirá aquella que hemos tratado de esbozar, basada en la observación del motivo y de las leyes naturales que rigen la actividad humana;

---

[1] Véase *Evolución política y revolución*, cap. IX. La Revolución Francesa.

esto a diferencia de las concepciones socialistas basadas, por el contrario, en la ignorancia o la negación de estas leyes[2].

Queda por investigar qué papel jugaron las leyes naturales y la libertad humana en esta gran obra de la civilización; finalmente, ¿cuál es el objetivo por el cual se realizó este trabajo que sucesivamente elevó a la especie humana por encima de la animalidad con la que originalmente se confundió?

Que la parte de las leyes naturales era preponderante, en cuanto determinaban el progreso, todo lo cual se resume en esta palabra: civilización, al imponerlas, bajo pena de decadencia y muerte, a las diferentes sociedades entre las que se compartía la humanidad, que la presión de la competencia vital, en sus formas sucesivas, ha provocado la invención y aplicación de mecanismos y procesos de gobierno, destrucción y producción cada vez más eficaces y potentes, es decir, cada vez más conformes con la ley de la economía de fuerzas. Esto no puede ser discutido, pero no se sigue de ello que no se haya dejado a la libertad del hombre ninguna parte en el trabajo de la civilización. En este sentido, las leyes económicas son como las leyes físicas. El hombre es libre de ajustarse o no a la ley física de la gravedad en la construcción de sus viviendas, pero si contraviene esta ley natural, éstas pronto colapsarán. Asimismo, es libre de observar o no las leyes económicas; pero las sociedades que escapan a la presión de la competencia y dentro de las cuales los hombres utilizan su libertad, tanto en su gobierno colectivo como en su gobierno individual, para desperdiciar sus fuerzas en lugar de conservarlas y aumentarlas, estas sociedades caen en decadencia y dan paso a aquellas que tienen leyes económicas mejor obedecidas. Ha sido así en el pasado, no será diferente en el futuro. Sin embargo, en la

---

[2] Apéndice, nota E. *El concepto y los conceptos económicos socialistas de la sociedad futura.*

ascensión de la humanidad, la participación de la libertad del individuo en el destino de la sociedad de la que es miembro y de toda la especie ha aumentado continuamente. En las sociedades antiguas, sólo actuaban la inteligencia y la voluntad de una minoría gobernante, la multitud obedecía pasivamente el impulso que recibía y seguía las reglas que se le imponían sin utilizar su poder y libertad para controlarlas. Con demasiada frecuencia sigue siendo lo mismo en las sociedades actuales; pero, cuando las servidumbres exigidas por el estado de guerra hayan desaparecido, cuando el gobierno colectivo haya sido reducido a sus límites naturales, cuando el individuo haya adquirido toda su libertad de acción, la parte del libre albedrío de cada uno sobre los destinos de la sociedad y de la humanidad crecerá; sólo que surgirá también la obligación, con más rigor que nunca, de conocer las leyes cuya observancia es necesaria para la existencia de la sociedad, y de cumplirlas.

Pero ¿con qué fin se levantó el edificio de la civilización, bajo el impulso de las leyes naturales? Estas leyes que el hombre no ha hecho le han impuesto el progreso que ha aumentado sucesivamente su poder sobre la naturaleza. ¿Con qué propósito? ¿Será con miras a su felicidad? Pero si estos progresos han reducido la suma de los sufrimientos y aumentado la de los goces de la especie humana, considerados en su conjunto y en su duración, no podemos decir que hayan resultado en un aumento de la felicidad de quienes fueron sus arquitectos y la mayoría de las veces provocaron un mal presente para procurar un bien futuro. La reducción del sufrimiento y el aumento del disfrute pueden ser consecuencia del progreso. No son el objetivo. Este objetivo es el aumento del poder de la especie humana, con miras a un destino que desconocemos.

III.
APÉNDICE

Nota A.–El zar y el desarme

Que los propios soberanos empiezan a preocuparse por las desastrosas consecuencias de la prolongación artificial del estado de guerra lo prueba la iniciativa del zar en favor del desarme. El 12/24 de agosto de 1898, el Conde Mouraview, Ministro de Asuntos Exteriores de Rusia, entregó esta nota por orden del Emperador a todos los representantes extranjeros acreditados en San Petersburgo:

«El mantenimiento de la paz general y una posible reducción de los armamentos excesivos que pesan sobre todas las naciones se presenta, en la situación actual del mundo entero, como el ideal hacia el cual deben apuntar los esfuerzos de todos los gobiernos.

«Las opiniones humanitarias y magnánimas de Su Majestad el Emperador, mi augusto señor, quedan enteramente adquiridas allí, en la convicción de que este elevado objetivo responde a los intereses más esenciales y a los deseos legítimos de todas las potencias; el gobierno imperial considera que el momento actual sería muy favorable para la búsqueda, a través del debate internacional, de los medios más eficaces para asegurar a todos los pueblos los beneficios de una paz real y duradera y, sobre todo, para poner fin al desarrollo progresivo de las armas actuales.

«Durante los últimos veinte años, las aspiraciones de apaciguamiento general se han vuelto particularmente fuertes en la conciencia de las naciones civilizadas. La preservación de la paz se ha planteado como el objetivo de la política internacional. En su nombre los grandes Estados han concertado entre sí estrechas alianzas; Para garantizar mejor la paz, han desarrollado, en proporciones hasta ahora desconocidas, sus fuerzas militares y siguen incrementándolas sin rehuir ningún sacrificio.

«Todos estos esfuerzos aún no han podido lograr los resultados beneficiosos de la pacificación deseada. Las cargas
financieras, tras una marcha ascendente, alcanzan la prosperidad pública en su origen. Las fuerzas intelectuales y físicas
de las personas, el trabajo y el capital, son en su mayor parte
desviadas de su aplicación natural y consumidas de forma
improductiva. Se utilizan cientos de millones para adquirir
terribles dispositivos de destrucción que, considerados hoy
como la última palabra de la ciencia, están destinados a perder
todo valor tras algún nuevo descubrimiento en este campo.
La cultura nacional, el progreso económico y la producción
de riqueza se encuentran paralizados o distorsionados en su
desarrollo; además, a medida que aumentan, los armamentos
de cada potencia responden cada vez menos al objetivo que
los gobiernos se habían propuesto.

«Las crisis económicas, debidas en gran parte al régimen de
armamentos excesivos y al peligro continuo que supone esta
acumulación de material de guerra, transforman la paz armada
de nuestros días en una carga aplastante que el pueblo encuentra cada vez más difícil de soportar. Por lo tanto, parece obvio
que, si esta situación continuara, conduciría inevitablemente
al mismo cataclismo que queremos evitar y cuyos horrores
hacen estremecer de antemano todo pensamiento humano.
Poner fin a estos armamentos incesantes y buscar medios para
impedir las calamidades que amenazan al mundo entero, tal
es el deber supremo que se impone hoy a todos los Estados.

«Penetrado por este sentimiento, Su Majestad se dignó or-
denarme que propusiera a todos los gobiernos cuyos representantes están acreditados ante la corte imperial la convocación
de una conferencia que debería abordar este grave problema.

«Esta conferencia sería, con la ayuda de Dios, un feliz pre-
sagio para el siglo que está a punto de comenzar; reuniría en
un poderoso paquete los esfuerzos de todos los Estados que

sinceramente tratan de hacer que el gran concepto de la paz universal triunfe sobre los elementos de problemas y discordias.

«Al mismo tiempo, consolidaría sus acuerdos mediante una consagración conjunta de los principios de equidad y derecho en los que se basan la seguridad de los Estados y el bienestar de los pueblos.»

A raíz de esta nota, el Conde Mouraview dirigió nuevamente la siguiente circular, el 30 de diciembre de 1898 –el 13 de enero de 1899–, a los representantes de las potencias en San Petersburgo:

«Cuando en agosto pasado mi augusto maestro me ordenó proponer a los gobiernos cuyos representantes se encuentran en San Petersburgo la convocación de una conferencia destinada a buscar los medios más eficaces para asegurar a todos los pueblos los beneficios de una paz real y duradera y, sobre todo, poner fin al desarrollo progresivo de los armamentos actuales, nada parecía oponerse a la realización más o menos inminente de este proyecto humanitario.

«La entusiasta acogida dada a la petición del gobierno imperial por casi todas las potencias no podía más que justificar este acuerdo. El Gabinete imperial, apreciando mucho los términos comprensivos en los que se concibió la adhesión de la mayoría de los gobiernos, pudo al mismo tiempo recoger, con gran satisfacción, los testimonios del más cálido asentimiento que le fueron dirigidos y que siguen llegando de todas las clases de la sociedad y de todas partes del mundo.

«A pesar de la gran corriente de opinión que había surgido en favor de las ideas de pacificación general, el horizonte político ha cambiado notablemente de apariencia. En los últimos tiempos, varias potencias han procedido a adquirir nuevos armamentos, esforzándose por aumentar aún más sus fuerzas militares y, ante esta situación incierta, uno podría preguntarse si las potencias han juzgado oportuno el momento actual para el debate internacional sobre las ideas expresadas en la circular del 12 de agosto.

«Sin embargo, esperando que los elementos de perturbación que agitan las esferas políticas den paso pronto a disposiciones más tranquilas que puedan favorecer el éxito de la Conferencia prevista, el Gobierno Imperial considera que sería posible proceder inmediatamente a un intercambio previo de ideas entre las potencias a tal efecto, y a buscar sin demora los medios para poner fin al progresivo aumento de armamentos en tierra y mar, cuestión cuya solución es evidentemente cada vez más urgente, habida cuenta de la nueva prórroga concedida a estos armamentos, y preparar el camino para un debate sobre cuestiones relativas a la posibilidad de prevenir conflictos armados por los medios pacíficos de que dispone la diplomacia internacional.

«En el caso de que las Potencias juzguen el momento actual favorable a la convocación de una Conferencia sobre estas bases, sería ciertamente útil establecer un acuerdo entre los Gabinetes sobre el programa de su trabajo; los temas que se someterán a discusión internacional dentro de la Conferencia podrían resumirse en términos generales como sigue:

«1.° Acuerdo que establece el no aumento durante un plazo a determinar de los efectivos actuales de las fuerzas armadas de tierra y mar, así como los correspondientes presupuestos de guerra: estudio preliminar de cómo podría lograrse en el futuro una reducción de las cifras y de los presupuestos antes mencionados;

«2.° Prohibición del uso, en ejércitos y flotas, de nuevas armas de fuego y nuevos explosivos, así como de pólvoras más potentes que las actualmente adoptadas tanto para los fusiles como para los cañones.

«3.° Limitación del uso en guerras de campo de explosivos ya existentes de formidable poder y prohibición del lanzamiento de proyectiles o explosivos de cualquier tipo desde la parte superior de globos y por medios similares;

«4.° Prohibición de utilizar en las guerras navales submarinos torpederos o buzos u otros artefactos destructivos de la misma naturaleza; compromiso de no construir buques de guerra de ariete en el futuro;

«5.° Adaptación a las guerras marítimas de las estipulaciones del Convenio de Ginebra de 1861 sobre la base de los artículos adicionales de 1868;

«6.° Neutralización, en la misma forma, de los buques o lanchas encargadas de rescatar a los náufragos, durante o después de combates marítimos;

«7.° Revisión de la declaración sobre los usos y costumbres de la guerra, redactada en 1874 por la Conferencia de Bruselas y que hasta el día de hoy no ha sido ratificada;

«8.° Aceptación, en principio, del uso de buenos oficios, mediación y arbitraje facultativo para los casos apropiados, con el fin de prevenir conflictos armados entre naciones; acuerdo sobre su modo de aplicación y establecimiento de una práctica uniforme en su uso.

«Se comprende perfectamente que todas las cuestiones relativas a las relaciones políticas de los Estados y al orden de cosas establecido por los Tratados, así como, en general, todas las cuestiones que no entran directamente en el programa adoptado por los Gabinetes, deben quedar absolutamente excluidas de las deliberaciones de la Conferencia.

«Al dirigirle a usted, su señoría, la solicitud de que tenga a bien acatar, respecto de mi presente comunicación, las órdenes de su Gobierno, le pido al mismo tiempo que señale a su atención que, en interés de la gran causa que tiene tan particularmente cerca en el corazón de mi augusto señor, Su Majestad Imperial considera que sería útil que la Conferencia no se reuniera en la capital de una de las grandes potencias, donde se concentran tantos intereses políticos, que tal vez podrían reaccionar sobre un trabajo en el que todos los países del universo están interesados, en igual medida.»

En apoyo de la nota, el *Mensajero Oficial* ruso publicó un artículo bien documentado contando las fuerzas militares de los diferentes estados del mundo:

«Rusia es el país de Europa con las fuerzas militares más considerables; en tiempos de paz Rusia tiene un millón de soldados en armas; el contingente anual es de 280.000 hombres. En caso de movilización, Rusia puede desplegar dos millones y medio de soldados, a los que hay que añadir aproximadamente 6.947.000 reservistas y milicianos; esto significa que Rusia puede tener cerca de 9 millones de hombres a su disposición en caso de guerra. Le sigue Francia con su ejército permanente de 589.000 hombres, que en caso de movilización puede aumentar hasta la cifra de 2.500.000 combatientes. Si sumamos las tropas de reserva llegamos a 4.370.000 hombres. El ejército alemán, cuyos cuadros están particularmente bien organizados, tiene una fuerza de paz de 585.000 hombres; en diez días se podrá movilizar este ejército, y la cifra se incrementaría a 2.230.000 combatientes; sumando las reservas, el ejército alemán puede estimarse en 4.300.000 hombres.

«El ejército permanente de Austria-Hungría asciende a 365.000 hombres; en caso de guerra se puede aumentar a 2.500.000 hombres, y con las reservas ascender a 4.000.000 de combatientes. Italia tiene un ejército permanente de 174.000 hombres; en caso de guerra este ejército puede aumentarse hasta la cifra de 1.473.000 hombres, más 727.000 reservistas, lo que hace un total de 2.200.000 combatientes. El ejército permanente más débil es el de Gran Bretaña; esto puede reunir alrededor de 220.000 hombres, y con la reserva, la milicia y los voluntarios, como máximo 720.000 combatientes.

«Sin embargo, las cifras anteriores no dan una imagen completa de lo que pueden ser los ejércitos europeos; es difícil hacerse una idea de lo que representa un millón de soldados. Es fácil decir que Rusia, en caso de guerra, puede reclutar 7 millones de combatientes; pero sería más difícil calcularlo, llevaría varios meses. Podemos imaginar, por otra parte, qué extensión de territorio ocuparía el ejército francés si estuviera en línea. Abarcaría una superficie de 520 kilómetros; el ejército alemán ocuparía un espacio de 510 kilómetros; el ejército austrohúngaro, un espacio de 460 kilómetros; el ejército italiano, un espacio de 230 kilómetros.

«Europa representa, en definitiva, un vasto campo, y cada europeo pasa parte de su existencia en los cuarteles. En Francia hay un soldado por cada 9 habitantes; en Alemania, un soldado por cada 12 habitantes o 9 hombres; en Austria-Hungría, sobre 11 habitantes; en Italia, una séptima parte de la población masculina está en armas. En Rusia hay un soldado por cada 40 habitantes.

«El solar de París que no está ocupado por edificios representa una superficie de 7.802 hectáreas, es decir, una cuarta parte del mismo solar de Londres. Para ubicar los ejércitos permanentes de las cinco grandes potencias, sería necesario disponer de una superficie dos veces mayor que el espacio libre de la ciudad de Londres, u ocho veces mayor que el mismo espacio de París. Si sumamos las reservas a los ejércitos permanentes, deberíamos tener una ubicación tres veces mayor que la de Londres y doce veces mayor que la de París. Las fuerzas armadas unidas de las cinco grandes potencias continentales, en caso de ser revisadas, deberían ubicarse en un sitio veinte veces mayor que el que ocupa la ciudad de París.

«Actualmente hay 4.250.000 hombres armados en Europa. Si estallara una guerra general, se movilizarían 16.410.000 hombres y con reservas tendríamos 34 millones de hombres.

Suponiendo que este colosal ejército tuviera que estar dispuesto en columnas, se necesitaría una línea tan extensa como la que hay entre Madrid y San Petersburgo. Habría un soldado por cada 16 habitantes o por cada 5 hombres.

«En Asia hay 500.000 soldados en tiempos de paz, sin incluir a los estados pequeños. No se puede establecer el número del ejército chino; se ha afirmado que podría ascender a 1.200.000 hombres, pero no hay nada seguro al respecto. Muchos soldados chinos sólo tienen arcos y flechas. La organización militar japonesa, por otra parte, es excelente. En África, el número de combatientes indígenas no supera los 250.000 hombres.

«Las fuerzas militares del Nuevo Mundo son bastante limitadas en comparación con las de Europa. México puede desplegar 120.000 hombres; Brasil 28.000 hombres a los que hay que sumar 20.000 policías. Estados Unidos tiene un ejército permanente de 25.000 hombres; el número de combatientes en caso de guerra puede ampliarse considerablemente. La República Argentina tiene 120.000 soldados, Canadá tiene 2.000 tropas inglesas; 1.000 canadienses y 35.000 milicianos.

«En todo el mundo hay aproximadamente 5.250.000 hombres constantemente bajo las armas.

«Los gastos de mantenimiento de estos colosales ejércitos son los siguientes: Rusia, 772.500.000 francos; Alemania 675 millones de francos; Francia 650 millones; Austria-Hungría 332.500.000 francos; Italia 267.250.000 francos; Gran Bretaña 450 millones de francos; los seis Estados gastan en conjunto un total de cuatro mil 230 millones de francos. La manutención de un soldado ruso es la más barata: cuesta 772 francos. 50; el del soldado alemán 1162 fr. 50; la del soldado austrohúngaro, 1.175 francos; el italiano, 1.535 francos; los franceses 1.633 francos; el inglés 2.045 francos. Cada habitante de Rusia corre con 6 francos de gasto militar; en Alemania 13 francos; en Austria-Hungría, 10 francos; en Italia unos 9 francos; en Francia 18 fr. 25; en Inglaterra 12 fr. Es cierto que el presupuesto militar de Dinamarca no supera los 5.750.000 francos, pero esta suma es muy considerable para este país. Si los países de Europa ven constantemente aumentar su deuda, esto se debe al constante aumento del gasto militar.

«De esto podemos ver lo que costaría una posible gran guerra. La última guerra entre China y Japón se tragó mil millones 250 millones de francos. En caso de guerra europea, los gastos alcanzarían los 6.000 millones de francos, a los que hay que añadir las incalculables pérdidas de hombres y equipos. Alemania tiene un fondo de guerra permanente que se encuentra en Spandau y que asciende a 450 millones de francos; pero, naturalmente, sería sólo una gota de agua en el océano.»

El *Mensajero Oficial* finaliza así su artículo:

«Gastos tan colosales ciertamente no pueden ser productivos. Agotan las fuentes de ingresos de las naciones, contribuyen al aumento de los impuestos, paralizan el funcionamiento de los órganos financieros de los países y detienen el desarrollo del bienestar general. Las mejores mentes de todos los países siempre se han esforzado por encontrar una manera de asegurar la paz que no sea mediante el aumento de las fuerzas militares, es decir, sobre la base de los principios del derecho y la equidad, sometiendo las disputas entre naciones a arbitraje, a fin de poner una solución final a esa teoría verdaderamente bárbara que identifica la civilización con mejoras siempre nuevas en los medios de destrucción».»

Aquí finalmente, según la *Revista de Estadística* (números del 11 y 18 de septiembre de 1898), los presupuestos de guerra y naval en los diferentes países del mundo.

PRESUPUESTOS DE GUERRA

País	Presupuesto de guerra en francos	Cantidad por cabeza
ESTADOS DE EUROPA		
Rusia (1898)	770,159,432	6.07
Alemania (1898)	731,478,495	14.00
Francia (1898)	639,987,987	16.62
Inglaterra (1897)	456,750,000	11.47
Austria (1897)	446,826,031	10.77
Italia (1898)	236,578,283	7.55
España (1897)	198,225,381	11.00
Turquía (1897)	103,263,031	4.30
Holanda (1897)	49,830,561	9.96
Suecia y Noruega (1897)	49,211,678	7.05
Bélgica (1897)	48,406,375	7.44
Rumania (1898)	44,470,355	8.08
Portugal (1898)	26,344,440	5.45
Bulgaria (1898)	23,307,613	7.06
Suiza (1897)	23,200,849	7.73
Grecia (1897)	16,345,312	6.72
Serbia (1897)	14,115,398	6.03
Dinamarca (1898)	13,916,334	6.32
Finlandia (1897)	7,997,920	3.10
ESTADOS FUERA DE EUROPA		
India inglesa (1897)	404,338,202	2.08
Estados Unidos (1896)	264,735,375	3.71
Japón (1897)	120,584,605	2.80
China[1] (1897)	61,500,000	0.17
Brasil (1897)	52,374,026	3.08
República Argentina (1897)	26,529,664	6.63
Chile (1897)	24,174,191	0.90
Egipto (1897)	12,457,252	1.18
Guatemala (1897)	10,480,860	7.70
Canadá (1897)	8,348,640	1.66
El Cabo (1897)	4,753,350	2.64
Corea (1897)	2,497,972	0.35

[1] Según las valoraciones del cónsul inglés en Shanghai.

PRESUPUESTOS DE LA MARINA

País	Presupuesto de guerra en francos	Cantidad por cabeza
ESTADOS DE EUROPA		
Inglaterra (1897)	554,250,000	13.92
Francia (1898)	286,956,946	7.45
Alemania (1898)	182,516,844	3.49
Rusia (1898)	178,800,000	1.41
Italia (1898)	101,174,846	3.23
España (1897)	94,619,619	5.25
Austria-Hungría (1897)	42,353,150	1.02
Holanda (1897)	32,725,463	6.54
Portugal (1897)	18.122.989	3.77
Suecia y Noruega (1897)	15,745,141	2.25
Turquía (1897)	12,562,807	0.52
Dinamarca (1898)	9,134,254	4.15
Grecia (1897)	7,000,487	2.88
ESTADOS FUERA DE EUROPA		
Estados Unidos (1896)	137,773,665	1.93
China (1897)	42,000,000	0.12
Japón (1897)	39,154,020	0.91
Brasil (1897)	26,873,358	1.58
República Argentina (1897)	18,481,172	4.62
Chile (1897)	16,150,222	5.95
India inglesa (1897)	1,761,175	0.06

La nota del zar, decíamos en la *Revista de los Economistas* (edición del 15 de septiembre de 1898), esta nota que parece haber sido escrita por un discípulo de Cobden, provocó, hay que decirlo, una sorpresa bastante desagradable en el mundo político de Europa. No dejamos de colmar de flores al noble soberano que lo inspiró, hubo acuerdo por todas partes en ala-

217

bar sus generosas intenciones, no sin hacerle comprender que se abandonaba a una pura utopía. A esto podríamos responder que la utopía consiste en creer que las naciones de Europa podrán seguir soportando indefinidamente sin debilitarse el peso creciente de los armamentos y los no menos crecientes impuestos que exigen; que las clases trabajadoras que pagan el impuesto a la sangre en su totalidad mientras que la clase dominante está exenta en dos tercios, no se rebelarán algún día contra esta monstruosa desigualdad; en resumen, que el militarismo no conducirá por el camino más corto al socialismo. Pero los profesionales de la política no tienen una visión tan a largo plazo, y por eso tratan fácilmente como quimera todo lo que va más allá de los estrechos límites de su horizonte.

No sabemos qué será de la generosa iniciativa que acaba de tomar el zar y, además, tenemos poca confianza en el éxito de una conferencia cuyos miembros, según todas las apariencias, procederán de los sectores políticos y diplomáticos, para los cuales el estado de paz que sucede a un estado latente de guerra perdería la mayor parte de su importancia. Pero pase lo que pase, la cuestión del desarme está ahora ante el mundo civilizado y permanecerá en la agenda hasta que se resuelva.

Recordemos a este respecto que es a iniciativa de la emperatriz Catalina II a la que se debe la constitución de la «Liga de los Neutrales», que determinó un avance decisivo en el derecho internacional, al hacer prevalecer la máxima «que la bandera cubre las mercancías». Recordemos también que otro predecesor de Nicolás II, el emperador Alejandro I, fue el promotor de la Santa Alianza, a la que Europa estaba en deuda por treinta años de paz. ¿Por qué no reconstituir, sobre una base más amplia, incorporando a los Estados pequeños, esta sociedad de seguro contra la guerra?

NOTA B.—SINDICATOS O «TRUSTS» QUE RESTRINGEN LA COMPETENCIA

El *New York Journal of Commerce* estimó recientemente el capital de las industrias involucradas en fideicomisos en 3.500.000.000 de dólares, o aproximadamente la mitad del capital industrial de los Estados Unidos. Los señores Johanez (*La vuelta al mundo del multimillonario estadounidense*) y Paul de Bousiers (*Industrias monopolizadas (Trusts) en Estados Unidos*) coinciden en atribuir principalmente la creación y multiplicación de estos monopolios al arancel proteccionista.

«Un defensor de los *trusts*, el Sr. Gunton (*Economía y aspectos sociales de los trusts*), conocido como Sr. Paul de Rousiers, argumentó con talento e ingenio que los *trusts* no destruyen la competencia potencial, es decir, la posibilidad de la competencia. Si alguien puede ofrecer al público estadounidense un petróleo mejor y más barato que la *Standard Oil*, nadie lo detendrá. Pero esta competencia potencial se ve obstaculizada por el arancel aduanero. El mercado americano está cerrado a ello. Muchas refinerías podrían ofrecer mejor azúcar a los clientes estadounidenses a un precio más bajo que el *Sugar Trust*, pero el arancel les impide hacerlo. La protección va más allá; no cierra el mercado sólo a productos similares a los que protege, sino también a todos aquellos que podrían competir con ellos indirectamente. Si mañana descubrimos un modo de iluminación aún más barato que el petróleo, la *Standard Oil Company* se verá amenazada; pero si se encuentra en los alimentos una sustancia que sustituye al azúcar, dicha sustancia podría quedar inmediatamente sujeta a un deber de protección. Esto es lo que sucede cada día en los países proteccionistas: para proteger el petróleo de Provenza, se golpean los cacahuetes; para proteger la mantequilla de Bretaña o Normandía, se golpea la margarina, etc.

«... Sigue siendo cierto que los *trusts* no tienen la posibilidad de imponer precios al consumidor mucho más altos que los que determinaría la competencia si reinara sobre el mercado cerrado por las tarifas en el que ordinariamente operan los *trusts*.»

Estos son, según de Rousiers, los remedios para los *trusts*:

«Dado que, digo, los *trusts* no son el resultado únicamente de fuerzas económicas naturales, sino que para su creación son necesarios elementos artificiales, el método más eficaz que se puede emplear para lograrlos es simplemente reducir tanto como sea posible el número y la fuerza de estos elementos artificiales. Además, somos poderosos contra las medidas artificiales, siempre somos impotentes contra las fuerzas naturales, de modo que no sólo es más eficaz, sino que también es más fácil atacar el artificio que la naturaleza.

«Hasta ahora, los estadounidenses han seguido el método exactamente opuesto. Atacaron las fuerzas económicas que empujan a la industria hacia la concentración y las atacaron con leyes antimonopolio, es decir con una serie de medidas esencialmente artificiales: prohibir que dos empresas competidoras se vinculen mediante acuerdos; prohibir a las distintas líneas ferroviarias celebrar acuerdos sobre sus tarifas, etc., etc. Sabemos el lamentable resultado que obtuvieron. Obstaculizaron brutalmente iniciativas fructíferas y no lograron proteger al público contra los *trusts* de la industria privada. Los tribunales estadounidenses han llegado a declararlos completamente ineficaces (completamente inservibles); esto se debe a que, en realidad, no van a la raíz del mal, aumentan el número de condiciones artificiales en lugar de reducirlas, regulan y complican lo que es necesario liberar de obstáculos y simplificar.

«Ni siquiera han impedido los *trusts* de servicios públicos que exigen regulación (?), no los han distinguido de los demás, han agravado aún más la confusión entre los intereses públicos y privados.

«Los *trusts* de servicios públicos desaparecerán por completo el día en que las autoridades públicas estadounidenses consigan recuperar el control normal sobre los intereses de los que son responsables.

«Los *trusts* de la industria privada se verán reducidos a una o dos excepciones el día en que las autoridades públicas americanas decidan no intervenir abusivamente, en particular mediante aranceles, en el ámbito económico.

«Entonces veremos claramente en Estados Unidos, como se ve en Inglaterra, que la concentración industrial no es una amenaza para la competencia.»

NOTA C.– LOS EFECTOS DEL PROGRESO INDUSTRIAL
EN LA SALIDA DE LA PRODUCCIÓN

En un artículo del *Forum*[1], el Sr. W. T. Harris, Comisionado de Educación de los Estados Unidos, plantea la pregunta: ¿Hay trabajo para todos? Pone ante los ojos del lector estadísticas que muestran, para Estados Unidos, el cambio que ha tenido lugar durante los últimos veinte años en los diferentes órdenes de ocupación. La siguiente tabla, por ejemplo, presenta la proporción por cada mil personas que se dedicaron a la agricultura, profesiones liberales, etc., en 1870, 1880, 1890:

	1870	1880	1890
1.ª Clase, agricultura, pesca	491,1	460,3	396,5
2.ª Clase, profesiones liberales, etc.	29,3	34,6	41,5
3.ª Clase, servicios personales	184,8	201,4	191,8
4.ª Clase, manufacturas	196,2	196,3	223,9
5.ª Clase, profesiones, comercio	98,3	107,3	146,3

---

[1] Abril 1898.

221

Observamos que aproximadamente 100 personas de cada 1.000 abandonaron la primera clase (ocupaciones primitivas) por las demás, en la siguiente proporción: 7 p. 100 a favor del servicio personal, 12 p. 100 para profesiones, 27,7 p. 100 para fábricas, y 48p. 100 para oficios o comercio. Y los productos agrícolas siguen superando las necesidades del consumo nacional, tras las mejoras introducidas en los métodos y herramientas de cultivo. La conclusión del Sr. Harris es que, suponiendo que las máquinas lograran reducir el trabajo manual (pesado) hasta tal punto que una persona de cada 100 podría proporcionar ropa, para vivir y alimentar a los otros 99, cada uno de ellos encontraría trabajo en otra clase, en una categoría de ocupación superior. ¡Piénsalo! Desde 1870, la proporción de periodistas por millón ha aumentado de 424 a 963, la de fotógrafos de 608 a 880; la de los afinadores de pianos en las mismas condiciones. ¡Esto es tranquilizador!

(ROUXEL. Revisión crítica de las principales publicaciones económicas. *Journal des Écomistes*)

Nota D.– Lo que cuesta el colonialismo de Estado y lo que aporta

Es en interés de la industria y del comercio, para los cuales quieren abrir nuevas salidas, que la mayoría de los gobiernos de Europa han emprendido la conquista de las regiones ocupadas por las llamadas razas inferiores. Su intención es sin duda loable. Sin embargo, se trata de saber cuánto valen y cuánto cuestan estos nuevos establecimientos. Si examinamos los resultados de las conquistas coloniales desde este punto de vista, entenderemos perfectamente por qué arruinaron a España y por qué no contribuyen hoy a mejorar las finanzas y aumentar la riqueza de los Estados conquistadores y colonizadores. ¿Qué se diría de un industrial o de un comerciante que gastaría 100.000 francos cada año en honorarios de agentes de viajes, circulares y anuncios para colocar mercancías por valor de 100.000 francos? Parece que su cabeza no está muy sana y aconsejaríamos a su familia que lo prohibieran o al menos lo obligaran a dejar el comercio. Sin embargo, es una operación de este tipo la que realiza nuestro Estado colonizador. Algunas cifras, tomadas de un artículo de Paul Louis, en La independencia belga, darán una idea del crecimiento de nuestro presupuesto colonial:

«En 1820 eran 5 millones, luego 7 en 1830, 20 en 1850, 21 en 1860, 26 en 1870; lo encontramos en el 32 en 1880, en vísperas de las grandes expediciones a Asia y África; en 1890 superó los 59; Sudán, Dahomey y Madagascar casi volverán a duplicarlo. En 1892 se alcanzó la suma de 86 millones; si retrocedemos a 1896, con 89, la reducción es sólo aparente y ficticia, y los créditos adicionales votados a finales de año elevan la cifra a más de 100; en realidad, el coste es de 102 millones en 1897, y si las previsiones fueran y son respectivamente 81 y 86, para 1898 y 1899, serán ampliamente superadas.»

En resumen, los costes de gobierno de las colonias, sin incluir Argelia, a cargo de las metrópolis, superan actualmente los 100 millones. Ahora bien, es precisamente a esta cifra de 100 millones a lo que ascienden las exportaciones de Francia a sus colonias. Tenga en cuenta que a los costos de la conquista y el primer establecimiento deben agregarse a los costos del gobierno.

«En algunos de ellos ya se ha trabajado y no en los menos importantes, leemos en el mismo artículo, pero ha sido sólo parcial. Cochinchina, sólo en el período de la conquista, absorbió 284 millones; Tonkín, 269; Sudán, desde 1881, ha devorado al menos 200 millones, y Madagascar, casi 150; todavía podemos enumerar a Dahomey por 70 o 75, desde 1892, y si nos sorprenden estas cifras, en presencia de los totales anuales de los presupuestos de nuestras colonias, basta recordar que estos totales no lo contienen todo; así, el mismo año de la expedición, Madagascar generó un gasto de 75 a 80 millones que no figuraba en la cuenta corriente.

«En resumen, desde que se lanzó a grandes conquistas externas, la Tercera República ha dedicado aproximadamente mil millones y medio a la colonización militar. Quizás debatamos la cifra, pero nos parece bastante inferior a la verdad.»

Argelia ya ha costado más de 4 mil millones y sabemos muy bien que cada año exige de 20 a 30 millones de la metrópoli para completar su presupuesto. No es todo. Los proteccionistas, habiendo logrado que los aranceles de la madre patria se aplicaran a las colonias, a las naciones extranjeras y a Inglaterra en particular, que anteriormente había encontrado una salida en desarrollo en Indochina, Madagascar y otros lugares, se vieron a sí mismos cerrar abruptamente esta salida; esto dio lugar a un sentimiento muy natural de hostilidad entre ellos que ya ha agravado, si no provocado, el incidente de Façhoda, y que no dejará de provocar, en caso de que ocurra algo peor, un aumento de nuestros presupuestos para la Guerra y la Marina. Vemos, pues, que la salida colonial se compra a un precio abusivo y podemos preguntarnos si la suma que añade al precio de coste de producción no priva a la industria francesa en los mercados competitivos de una salida mayor que la que el mercado reservado de las colonias proporciona.En verdad, si Francia exporta pocos productos y aún menos colonos a sus colonias, exporta un buen número de funcionarios. El relator del presupuesto de las colonias en el Senado hizo la declaración comparándolo con el de los colonos.

En Annam-Tonkín encontró 1.396 funcionarios contra 447 colonos; en Cochinchina, 1.966 funcionarios contra 262 colonos; en Senegal, 521 funcionarios contra 367 colonos; en Costa de Marfil, 111 funcionarios contra 52 colonos; en el Congo, 254 funcionarios contra 20 colonos.

En última instancia, llegamos a la conclusión de que el colonialismo, tal como lo entiende y practica el Estado, no es más que una rama del proteccionismo aplicado a la industria de los funcionarios públicos a expensas de todos los demás.

Los colonizadores estatistas afirman, sin embargo, que, si la extensión de su dominio colonial impone actualmente una pesada carga a la nación, es en beneficio de su futura grandeza y riqueza. Citan fácilmente el ejemplo de Inglaterra como apoyo, afirmando que está en deuda principalmente con sus colonias por su prosperidad y poder. Esta es quizás la opinión del señor Chamberlain y de los imperialistas, partidarios de la Gran Inglaterra, pero no es la opinión de los librecambistas. En un artículo de la Contemporary Review, un eminente miembro del Cobden Club, Lord Farrer, redujo a sus justas y modestas propuestas la salida que las colonias proporcionan a la industria británica. De un total de 643.060.000 libras esterlinas en 1895, el comercio de Inglaterra con sus colonias ascendía sólo a 166.000.000 de libras esterlinas, o 25,8 p. 100, sólo una cuarta parte. Ahora bien, cabe señalar que la mayor parte de este comercio se realiza con colonias o posesiones, como Australia, Nueva Zelanda, El Cabo, India, que no conceden derechos preferenciales a los productos de la Francia continental (solo Canadá ha sido una excepción a esta regla desde el año pasado); de modo que incluso si Inglaterra perdiera su imperio colonial, su comercio con las vastas regiones incluidas en él, con toda probabilidad, no sufriría disminución. Esta pérdida podría ser sensible al orgullo de los patrioteros, pero, lejos de perjudicar a la industria inglesa, sería más bien ventajosa para ella, al proporcionarle un notable ahorro en los costes de producción. No es que el presupuesto colonial de Inglaterra sea muy alto; apenas supera la mitad del de Francia, 62,5 millones; pero a esto hay que añadir el enorme complemento de los presupuestos de guerra y de marina que requiere la defensa de este imperio, que se extiende a todos los puntos del globo. Estos costos de mantenimiento de las colonias aumentan el precio de costo de todos los productos de la industria británica y, en consecuencia, la hacen menos capaz de competir con sus rivales, no sólo en los mercados extranjeros, sino también en la propia Inglaterra.

El militarismo, el proteccionismo, el estatismo y el colonialismo prevalecen en este momento, pero sus propios excesos no dejarán de acelerar su caída.

(*Journal des Économistes*. Reseña del año 1898)

NOTA E.− EL CONCEPTO ECONÓMICO Y LOS CONCEPTOS SOCIALISTAS DE LA SOCIEDAD FUTURA

La organización política y económica de las sociedades del pasado se adaptaba al grado de desarrollo mental de sus miembros, a los riesgos de destrucción que pesaban sobre ellos, al estado embrionario de la producción, en una palabra, a todas sus condiciones de vida. Estas condiciones han sido, especialmente durante el último siglo, profundamente modificadas por el progreso que ha transformado las artes de producción y destrucción. De lo cual resultó que la organización política y económica adaptada al viejo estado de las sociedades dejó de adaptarse al nuevo. Esta falta de adaptación, al generar una crisis que ha sufrido especialmente la multitud que vive del producto de su trabajo diario, puede considerarse como la causa determinante del movimiento socialista. Dio origen a los sistemas de reorganización social de Saint-Simon, Fourier, Karl Marx y una multitud de Dii minores. Pero todos estos sistemas tienen un vicio que les es común: no tener en cuenta las leyes naturales que han determinado la organización de las sociedades en el pasado y que no dejarán de determinarla en el futuro. Quizás no presentarían ningún peligro si sus autores y sus propagadores se limitaran a utilizar la persuasión para hacerlos aceptar; pero pretenden imponerlas, apoderándose primero –los más ardientes, por medios revolucionarios, los más moderados o los más tímidos, por medios legales– del poder soberano investido en el gobierno. Es el gobierno el que será responsable de rehacer la sociedad, rompiendo toda resistencia.

Sin negar los males, los desórdenes y la inestabilidad de los que ha sido fuente esta crisis del progreso y buscando los medios para remediarlos, los economistas han tenido que luchar al mismo tiempo contra la invasión de las falsas doctrinas del socialismo. Esta lucha no fue inútil para ninguno de los bandos. Los economistas han estudiado más de cerca los males que afligen a "la clase más numerosa y más pobre", para usar la expresión de Saint-Simon, y se han esforzado en devolverlos a sus verdaderas causas. Los socialistas, por su parte, después de haber comenzado por eliminar la economía política e incluso todas las ciencias morales, acabaron comprendiendo la necesidad de estudiarlas. Aunque aportaron a este estudio hábitos científicos mediocres, liberaron al socialismo de algunos de sus errores más graves, y entre algunos de ellos, la idea primitiva de encargar al Estado la reconstitución e incluso la absorción de la empresa ha perdido su crédito. ¿Quién sabe, entonces, si un estudio más profundo y completo de las leyes naturales que gobiernan la actividad humana no acercará gradualmente a la élite gobernante del socialismo a la economía política?

El autor de este libro tuvo, hace ya medio siglo, la idea de este acercamiento, y dirigió a los socialistas sinceros el llamamiento que leeremos:

«Somos adversarios y, sin embargo, el objetivo que cada uno de nosotros perseguimos es el mismo. ¿Cuál es nuestro ideal, economistas o socialistas? ¿No es una sociedad donde la producción de todos los bienes necesarios para el mantenimiento y embellecimiento de la existencia humana será más abundante, y donde la distribución de esos mismos bienes entre quienes los habrán creado con su trabajo será la más justa? ¿No se resume nuestro ideal para todos, independientemente de la escuela, en estas dos palabras: abundancia y justicia?

«Este, ninguno de vosotros lo negará, es nuestro objetivo común. Sólo que llegamos a esta meta por caminos diferentes; vosotros caminan por lo oscuro y hasta esta hora inexplorada de la organización del trabajo, nosotros caminamos por el camino espacioso y conocido de la libertad. Cada uno de nosotros intenta seguir nuestros pasos a la sociedad que vacila y busca a tientas, buscando en el horizonte, pero en vano, la columna de luz que una vez guio a los esclavos de los faraones a la Tierra Prometida.

«¿Por qué te niegas a seguir el camino hacia la libertad con nosotros? Porque, dice usted, esta libertad tan defendida es desastrosa para los trabajadores; porque hasta ahora solo ha producido opresión de los débiles por parte de los fuertes; porque ha dado lugar a crisis desastrosas en las que millones de hombres han perdido sus fortunas, algunos sus vidas; ¡Porque la libertad sin restricciones, sin límites, es anarquía!

«¡Ey! bien, si os probáramos que todos los males que atribuís a la libertad o, para usar una expresión absolutamente equivalente, a la libre competencia, tienen por origen no la libertad, sino el monopolio, sino la servidumbre; si les volviéramos a demostrar que una sociedad perfectamente libre, una sociedad libre de todas las restricciones, de todos los obstáculos, algo que no se ha visto en ningún momento, se encontraría libre de la mayoría de las miserias del régimen actual; que la organización de tal sociedad sería la más justa, la mejor, la más favorable al desarrollo de la producción y a la igualdad de la distribución de la riqueza; si te lo demostramos, dije; ¿qué harías? ¿Seguirías proscribiendo la libertad de trabajo y atacando la economía política, o te unirías francamente a nuestra bandera y emplearías todo el precioso tesoro de fuerzas intelectuales y morales que la naturaleza te ha dado para hacer triunfar nuestra causa, ahora común, la causa de la libertad?

«¡Ah! Seguro que no lo dudarías ni un momento. Si estuvieras seguro de estar equivocado acerca de la verdadera causa de los males que afligen a la sociedad y los medios para remediarlos; sin duda, con pesar dirías un último adiós a los sueños que han nutrido, encantado y extraviado tu imaginación; pero finalmente abandonarías a estas queridas quimeras, vencerías tu repugnancia y vendrías a nosotros. ¡Ey! Dios mío, lo mismo haríamos nosotros por nuestra parte, si lograras introducir en nuestras débiles inteligencias un rayo de esta luz de la verdad que convirtió a San Pablo; si nos demostraras que la verdad está en el socialismo y no en la economía política. Sólo nos aferramos a nuestro sistema en la medida en que creemos que es justo y verdadero; quemaríamos mañana, sin revuelta interior alguna, lo que hemos adorado, y adoraríamos lo que hemos quemado, si se nos demostrara que nuestros Dioses no son más que miserables ídolos de madera.

«Por lo tanto, ambos estamos libres de cualquier espíritu de sistema, tomando esta palabra en su sentido estricto; nuestra vista pasa a una esfera superior, nuestros pensamientos siguen un vuelo más generoso; lo verdadero, lo justo, lo útil, estos son nuestros guías inmortales en los círculos oscuros de la ciencia; humanidad, esa es nuestra Beatriz...»[1] Esta llamada, que lleva, además, la huella de la confiada ingenuidad de la juventud, fue, como demostraron los acontecimientos, totalmente prematura. No se ha escuchado, pero podemos esperar que algún día se escuche y que el socialismo, al proporcionar a los economistas su contingente de fuerzas, les ayudará a superar las resistencias de intereses egoístas y ciegos, que obstaculizan la necesaria transformación de una organización política y económica que ha dejado de adaptarse a las actuales condiciones de existencia de las sociedades.

---

[1] «La utopía de la libertad. Carta a los socialistas». *Journal des Économistes*, número del 15 de junio de 1848.

EN LA MISMA COLECCIÓN

MONARQUÍA, DEMOCRACIA Y ORDEN NATURAL,
(4.ª edición)
Hans-Hermann Hoppe

MILAGROS DEL SECTOR PRIVADO Y
CRÍMENES DEL SECTOR PÚBLICO
Jeffrey Tucker

LA FILOSOFÍA DE LA PROPIEDAD
(2.ª edición)
Robert Lefevre

NUESTRO ENEMIGO, EL ESTADO
Albert Jay Nock

NO RESISTÁIS AL MAL
Clarence S. Darrow

DADME LIBERTAD
Rose Wilder Lane

CONTRA LA PROPIEDAD INTELECTUAL
Kinsella N. Stephan

EDUCACIÓN: LIBRE Y OBLIGATORIA
Murray N. Rothbard

SOBRE LA PRODUCCIÓN DE SEGURIDAD
Gustave de Molinari

COLECTIVISMO BÉLICO
Murray N. Rothbard

CONTRAECONOMÍA
Sᴇᴋ3

MANIFIESTO NEOLIBERTARIO (extendido)
Sᴇᴋ3

PRINCIPIOS DEL ANARCOCAPITALISMO
Y LA DEMARQUÍA
Antony P. Mueller

TÍTULOS EN PREPARACIÓN

ANARQUÍA, ESTADO Y UTOPÍA
Robert Nozick

PRIVATIZACIÓN DE CARRETERAS Y AUTOPISTAS
Walter Block

**Para más información,
véase nuestra página web**
www.unioneditorial.es